Heinrich Dernburg

Entwicklung und Begriff des juristischen Besitzes des Römischen Rechts

Festschrift zum fünfzigjährigen Stiftungsfest der Universität Zürich

Heinrich Dernburg

Entwicklung und Begriff des juristischen Besitzes des Römischen Rechts
Festschrift zum fünfzigjährigen Stiftungsfest der Universität Zürich

ISBN/EAN: 9783743614574

Hergestellt in Europa, USA, Kanada, Australien, Japan

Cover: Foto ©ninafisch / pixelio.de

Weitere Bücher finden Sie auf **www.hansebooks.com**

Entwicklung und Begriff
des
juristischen Besitzes des römischen Rechts.

Festschrift

zum

fünfzigjährigen Stiftungsfest

der

Universität Zürich

von

Dr. Heinrich Dernburg,

ordentlichem Professor des Rechts an der Universität Berlin.

Halle a. S.,

Verlag der Buchhandlung des Waisenhauses.

1883.

Mit dem Wintersemester 1854 zur Professur des römischen Rechts an die Züricher Hochschule berufen, bekleidete ich diese Stellung bis zum Ende des Wintersemesters 1862. Das Vertrauen der Züricher Behörden gewährte mir hiermit das seltene Glück, in meinem fünfundzwanzigsten Lebensjahr eine wichtige, selbständige, verantwortungsvolle Lebensstellung zu bekleiden und in einen edlen, meiner Neigung voll entsprechenden Wirkungskreis bereits in jugendlichem Alter einzutreten. Indem ich dem mir angewiesenen Beruf, dem Staat und der akademischen Jugend diente, war es mir zugleich gegeben, mich als Lehrer weiter auszubilden und meine wissenschaftlichen Forschungen zu verfolgen. Aber nicht bloß aus Büchern konnte ich in dem blühenden Gemeinwesen, in dem ich mich wohl und heimisch fühlte, lernen; durch treffliche Freunde gewann ich einen Einblick in das praktische Recht der bewegten Handelsstadt und ich begegnete Staatsmännern, die in den kleineren Verhältnissen ihres Staates Bedeutendes zu leisten wußten. Die Männer, deren ich zunächst hierbei gedenke, Alfred Escher, Dubs, mein theurer und treuer Freund Rüttimann, die das Leben und die Partei zum Theil trennte, sie hat der Tod dahingerafft und vereint. Ihnen Allen bin ich persönlich zu herzlichem Dank verpflichtet. Mit Dank wird sich auch die Züricher Hochschule bei ihrem Gedenkfeste erinnern, daß ihr Escher und Dubs lange mit sorgsamer Hingebung als Erziehungsdirektoren vorstanden, und daß Rüttimann als Lehrer viele Jahre an ihr wirkte und ganz mit ihr verwuchs.

In jedem Sinn ist der Züricher Aufenthalt bestimmend für mein späteres Wirken geworden. Hier wurde mir die Ueberzeugung gekräftigt, daß die Rechtstheorie nicht bloß um ihrer selbst willen da ist, daß sie vielmehr vor Allem dem Rechtsleben bestimmt ist. Ich sah, wie ein praktisches Volk das römische Recht, welches hier niemals als Gesetz aufgefaßt worden war, als geschriebene Vernunft frei und geschickt zu verwerthen wußte. Ich habe versucht, ihm in dieser Behandlungsweise etwas abzulernen.

Wenn aber die Rechtswissenschaft praktische Ziele zu verfolgen hat, so ist damit nicht gemeint, daß sie bloß die nächsten Bedürfnisse der Praxis in kahler Art zu versorgen hat. Hätte ich hieran zweifeln können, so würde ich durch das Vorbild des großen Züricher Juristen Ludwigs von Keller, meines Vorgängers in Zürich, in Halle und in Berlin eines Anderen vergewissert worden sein. Denn während Keller in manchem Sinn Begründer der neuen Entwicklung des Züricher Rechts war, hat er daneben die geschichtliche Erkenntniß des römischen Rechts, wie kaum ein Anderer gefördert. Je weniger sich die historische Forschung von vorgefaßten Meinungen bestimmen läßt, je tiefer sie geht, je selbstständiger sie ist, desto mehr wird sie schließlich auch der Praxis dienen, welche in unserer Zeit ganz besonders gefährdet erscheint, durch Dialektik, welche die Wissenschaft zu beherrschen strebt, und eine Dogmatik, die auf ihr fußt. Der Nebel, der sich so auf die Rechtswissenschaft zu legen droht, wird vor Allem durch die historische Erkenntniß zerstreut. Daher glaubte ich dem Sinn, in welchem vor fünfzig Jahren die Züricher Universität gestiftet wurde, und in dem ihre Lehrer des römischen Rechts vor und nach mir wirkten, zu entsprechen, wenn ich zu ihrem Jubelfest eine

Arbeit historischen Charakters verfaßte, die nicht ohne unmittelbare Beziehung zum praktischen Recht ist.

Es ist nur eine kleine Gabe, die ich bringen kann. Wie sehr hätte es in meinen Wünschen gelegen, das Thema, welches ich hier angeschlagen habe, nach allen Seiten hin durchzuführen. Die mannichfachsten Berufsgeschäfte und unabweisliche andre wissenschaftliche Arbeiten haben eine solche Ausführung des Themas nicht zugelassen.

Den Zweck aber wird die Arbeit jedenfalls erfüllen, der Züricher Hochschule auszusprechen, daß ich mich immer noch als ihr zugehörig fühle und den Züricher Behörden wie dem Stande Zürich zu künden, daß sie keinen Undankbaren verpflichteten, indem sie mich, den Fremden in ihre Mitte riefen und jederzeit förderten und mit Auszeichnung und Liebe behandelten, so lange es mir das Schicksal vergönnte, unter ihnen zu weilen.

Berlin, im Juli 1883.

Heinrich Dernburg.

Inhalt.

	Seite
§ 1. Einleitung	1
§ 2. Die possessio am römischen Gemeinland	5
Occupatio und concessio S. 7. Verhältniß zum precarium S. 7 ff. Die leges Liciniae Sextiae S. 9 ff.	
§ 3. Das interdictum uti possidetis als die Vindikation des Lehnbesitzes	12
§ 4. Das interdictum uti possidetis und sein Verfahren	15
Scheinkampf S. 17 ff.; fructus licitatio S. 19 ff.; Sponsionssumme S. 22; das judicium secutorium de fructus licitatione S. 25. — Ursprüngliche Bestimmung des Interdikts S. 27 ff.	
§ 5. Quellenzeugnisse	29
Festus s. v. possessio S. 29. L. 115 D. de V. S. 50, 16 (Javol.) S. 30 A. 2. Cicero de lege agr. III. cap. 3 § 11 S. 31.	
§ 6. Opposition Puchta's	32
§ 7. Das interdictum unde vi	33
§ 8. Die zweiseitige Eigenthumsklage im Allgemeinen	34
Zuverlässigkeit von Gajus 4 § 16 S. 36 ff.; Cicero pro Murena cap. 12 S. 39.	
§ 9. Durchführung der Duplicität im Vindikationsproceß	39
Princip und Bedeutung der Vindicienertheilung S. 40 ff. Vindicien im Freiheitsproceß S. 42. — Urtheil gegen beide Vindikanten? S. 44 ff.	
§ 10. Die einseitigen Vindikationen und die Besitzinterdikte	47
Die deductio quae moribus fit S. 48 ff. Veränderte Funktion des i. uti possidetis seit August S. 49 ff., 53. Gajus 4 § 148 S. 50 ff. L 1 § 2, 3 D. U. P. 43, 17 (Ulpian.) S. 52 ff.	
§ 11. Das interdictum utrubi	54
Vindikation aus dem längern Besitz S. 56; für die Peregrinen eingeführt? S. 57.	

	Seite
§ 12. Die Entwicklung der Besitzlehre in der Kaiserzeit . .	57

Verschmelzung von usus: Usukapionsbesitz S. 58 und possessio: Lehnbesitz S. 59.

§ 13. Der juristische Besitz und die Theorie Savigny's . . 60

Possidero — in possessione esse erst nach Q. Mucius geschieden S. 60 ff. Der abgeleitete Besitz Savigny's S. 63 ff. (Sequester S. 64 A. 7).

§ 14. Die Bedeutung des juristischen Besitzes 66

Possessor: der durch die Interdikte Geschützte S. 66. Der animus domini S. 67 A. 2. Miether und Pächter S. 68 ff.

§ 1.
Einleitung.

Es ist keine neue Behauptung, daß das Besitzrecht und die Besitzlehre der Römer den Ausgangspunkt von den Possessionen des römischen Gemeinlandes genommen haben. Sie hat bereits Niebuhr ausgesprochen;[1] sie wurde von namhaften Historikern weiter ausgebildet und begründet.[2] In den späteren Auflagen seines Werks über den Besitz hat Savigny sich ihr angeschlossen.[3] Freilich hat er sie nicht weiter verfolgt; mit seinen dogmatischen Auffassungen ließ sie sich kaum in Uebereinstimmung bringen.

Es sind jetzt beiläufig achtzig Jahre, seit sich Savignys jugendliche Kraft der römischen Besitzlehre zuwendete und damit ein Kunstwerk unvergleichlicher Art schuf. Die festgefügte Lehre, die von ihm ausging, hat nicht aufgehört, die Herrschaft zu behaupten.

---

1) Niebuhr, römische Geschichte Bd. 2 S. 168: „Der Schutz dieses Besitzes ward durch die possessorischen Interdikte gewährt; denn ich halte nichts für unzweifelhafter, als derselben unmittelbare und ursprüngliche Beziehung auf diesen Besitz. Unmittelbar auf den Besitz des ager publicus deutet der Inhalt der prätorischen Schutzgebote: freilich nicht die Formel des Interdikts uti possidetis, wie wir sie jetzt aus dem beständigen Edikt lesen, denn hier ist die Rede von Häusern; wohl aber die weit ältere, ursprünglich aus Aelius Gallus erhaltene: diese redet ausdrücklich von fundus."

2) Vergl. namentlich Schwegler, römische Gesch. Band 2 S. 401 ff. Marquardt, römische Staatsverwaltung, 2. Auflage 1881. Bd. 1 S. 100, Anm. 3.

3) Vergl. Savigny: das Recht des Besitzes, 6. Aufl. S. 216 ff. Siehe auch Huschke: Ueber die Stelle des Varro von den Liciniern S. 75 ff.

in der Lehre des Besitzes die Energie des Denkens. Das Besitzrecht, so führt er aus, haben die römischen Juristen auf der vom Prätor gegebenen Grundlage ausgebaut; sie haben ergänzt ohne just neue Gedanken hineinzubringen, korrigirt nichts Erhebliches, zu Lob und Tadel wenig Anlaß gebend. In der Besitzlehre selbst herrscht die böseste Verwirrung, der die Römer je verfallen sind. In Unklarheit der Anschauungen befangen, konnten die römischen Juristen für Lehre und Recht des Besitzes nicht mehr leisten als sie in Wirklichkeit geleistet haben.

Nach unserer Ansicht fordert die Gerechtigkeit, daß wir, ehe wir die Leistungen der römischen Juristen in der Besitzlehre beurtheilen, untersuchen und prüfen, welches Material an Einrichtungen und Begriffen ihnen aus der früheren Epoche überliefert war. Nur dann, wenn wir diese Ausgangspunkte der römischen Besitzlehre annähernd feststellen, läßt sich ein approximatives Urtheil darüber gewinnen, was die klassischen Juristen aus dem gegebenen Stoff gemacht haben, was sie leisteten. Wer sich der schweren und gewagten Aufgabe unterzieht, die Verdienste der römischen klassischen Juristen kritisch abzuwägen, wird also jede, auch die entfernteste Spur zu verfolgen haben, die uns ihre Ausgangspunkte erkennen läßt. Wie sollen wir anders die Schritte, welche sie machten, messen können? Dennoch erklärt Bekker ausdrücklich [6]: „Absichtlich nicht angeführt habe ich, um allen über die nächsten Grenzen hinausdrängenden Untersuchungen mich fernzuhalten, die agrarischen Possessionen." In der That findet sich in den Untersuchungen Bekkers kaum hie und da eine Erwähnung dieses Verhältnisses.

---

6) Bekker, a. a. O. S. 45.

In solcher Weise dürfen wir jedoch die Grenzen historischer Erörterungen nicht abstecken. Die Niebuhrsche Hypothese dreht sich nicht um einen nebensächlichen oder beiläufigen Punkt der Besitzlehre; sie macht den Anspruch darauf, uns die Quelle derselben zu eröffnen. Sie ist auch nicht ein flüchtiger Einfall, sie wird durch Beweise unterstützt und hat die Anerkennung gründlicher Kenner des römischen Wesens gefunden. Es ist daher der Wissenschaft nicht verstattet, sie einfach auf sich beruhen zu lassen. Dies auch dann nicht, wenn sie mit herkömmlichen dogmatischen Auffassungen nicht stimmt. Denn diese selbst sind keineswegs außer Frage. Einer eingehenden Untersuchung des römischen Besitzrechts bleibt nur die Alternative: Wir müssen entweder beweisen, daß es sich bei jener Hypothese um einen Irrthum, um eine durch den Namen „possessio" veranlaßte, täuschende Aehnlichkeit handelt. Dann erst ist es erlaubt, die Hypothese Niebuhrs von der Untersuchung der römischen Besitzlehre auszuschließen. Einen solchen Nachweis hat einzig Puchta versucht. Es wird sich aber zeigen, daß dies ohne jeden Erfolg geschah. Oder wir überzeugen uns von der Richtigkeit der Niebuhrschen Hypothese; dann ist sie nicht blos äußerlich anzuerkennen, als historischer, einleitender Schmuck zu verwenden, vielmehr ist sie dann in den Mittelpunkt der Lehre zu rücken. Wir werden untersuchen müssen, ob andere historische Ueberlieferungen aus der Besitzlehre sich mit ihr kombiniren lassen. Es wird sich fragen, ob nicht manche von den vielumstrittenen Hauptproblemen dieser Lehre von ihr aus Licht erhalten und ihre richtige Stellung gewinnen.

Unsere Forschung hat uns zu dem Resultat geführt, daß dies allerdings der Fall ist. Selbst die dogmatischen Erörterungen der römischen Juristen der Kaiserzeit werden von jenem Standpunkt aus erst völlig verständlich, wenn es auch richtig ist, daß zu ihrer Zeit der Besitz am Gemeinland keine Rolle mehr spielt.

§ 2.
Die possessio am römischen Gemeinland.[1]

Zur Zeit der römischen Republik machte das private Grundeigenthum, welches wir nach dem Vorbilde des germanischen Rechts wohl Allodialbesitz nennen dürfen, nur den kleineren Theil des Grundbesitzes der begüterten Römer aus. Von größerem Umfang waren regelmäßig ihre possessiones am ager publicus, welche mit vollem Fug als Lehnbesitz bezeichnet werden können.

Die Tradition bezeugt, daß schon bei der ursprünglichen Ansiedlung auf den Hügeln der Stadt Rom das Land nicht vollständig vertheilt war, vielmehr ein Theil des römischen Territoriums Gemeinland, ager publicus, blieb.[2] In Folge glücklicher Kriege und der Unterwerfung der Völkerschaften, welche Rom umgaben, wuchs das Gemeinland in erheblichstem Maße. Bald wurden den Besiegten größere oder geringere Quoten ihrer Feldmark abgenommen, bald konfiscirte man das gesammte Territorium zu Gunsten des römischen Volks.

Noch l. 20 § 1 D. de captivis 49, 15 bezeugt:
publicatur enim ille ager, qui ex hostibus captus est.

Solche Ländereien wurden allerdings zum Theil aufgetheilt und gingen dann in das Privateigenthum der Bürger über.

---

1) Niebuhr, röm. Gesch. Bd. 2 S. 146 ff. und im Anhang S. 694 ff. Rein, Art. publicus ager, in Pauly's Realencyklopädie Bd. 6 S. 254 ff.; Schwegler, römische Gesch. Bd. 2 S. 401 ff.; Marquardt, römische Staatsverwaltung, 2. Aufl., Bd. 1 S. 96 ff.
2) Dionysius 2, 7; Schwegler, römische Gesch. Bd. 2 S. 402.

So geschah es bei Anlegung von Kolonien, bei welchen den römischen Kolonisten quiritisches Eigenthum zugetheilt (assignirt) wurde. Unter Umständen wurden Landflächen auch zu quiritischem Eigenthum verkauft (quaestorii agri). Aber bei weitem nicht alles Gemeinland wurde solcher Gestalt ager privatus oder heredium der Besitzer. Weite Flächen blieben ungetheilt und Eigenthum der römischen Republik. Man verstattete aber den Bürgern die Bebauung zu eigenem Nutzen gegen gewisse Abgaben, womit ursprünglich ohne Zweifel auch die Pflicht zur Vertheidigung der bedrohten Grenzmarken verbunden war.³

Die Rechtsform für dieses Verhältniß war die des precarium.⁴ Allerdings pflegte man den Besitz am ager publicus durch Occupation zu erwerben.⁵ Dies ist aber nur die äußere

---

3) Nach Appian, de bell. civ. 1, 7 wurde das vom Krieg her wüst liegende Land nicht vermessen und vertheilt, vielmehr wurde ein Edikt erlassen, welches dazu aufforderte, das Land einstweilen gegen eine Jahresabgabe vom Reinertrag in Besitz zu nehmen und zu bebauen. Die Abgabe war der Zehnte vom Saatland, der Fünfte von Wein- und Baumgärten, auch Weidevieh war abgabenpflichtig.

4) Auch Mommsen, Staatsrecht, 2. Aufl. Bd. 1 S. 163 Anm. 1, Bd. 2 S. 446 Anm. 1 unterstellt, daß der Besitz am ager publicus und das precarium eine gleichartige Rechtsform bilden. Im Uebrigen geht aus den angeführten beiläufigen Bemerkungen Mommsens nicht hervor, wie er sich das Verhältniß des alten Lehnbesitzes zu dem privatrechtlichen Besitz der späteren Zeit denkt.

5) Festus, pag. 241: possessiones appellantur agri late patentes publici privatique, qui non mancipatione sed usu tenebantur et ut quisque occupaverat, colebat. Der Zusatz privatique erklärt sich vielleicht daraus, daß man die Grundstücke, welche ursprünglich ager publicus waren und im Lehnbesitz standen, auch nachdem sie durch gesetzliche Bestimmungen ins Privateigenthum der Besitzer übergingen, fortwährend possessiones nannte, gerade wie bei uns die ursprünglichen Rittergüter diesen Namen behielten, auch nachdem sie nach Aenderung der Gesetzgebung in bürgerliche Hände übergegangen waren. Nicht richtig scheint mir die Erklärung von Huschke, über die Stelle des Varro

Seite der Sache. Das Wesentliche lag in der Verleihung durch den Staat, wofür der technische Ausdruck „concedere" besteht. Diese Koncession mußte nicht ausdrücklich sein, sie konnte stillschweigend durch bloßes Dulden geschehen. So war es bei dem gewöhnlichen precarium.

Pauli sententiae V, 6 § 11: precario possidere videtur, non tantum qui per epistolam vel quacumque alia ratione hoc sibi concedi postulavit, sed et is, qui nullo voluntatis indicio, patiente tamen domino, possidet.

Diese stillschweigende Koncession war namentlich in der späteren Zeit beim ager publicus durchaus das Uebliche. Gerade deswegen tritt, wie oben bemerkt, der gewöhnlichen Anschauung die Occupation in den Vordergrund. Die officielle und staatliche Auffassung war dies nicht. Sie legt das Gewicht auf die Verleihung durch den Staat. Deshalb ist unter Anderm in dem Entwurfe des Ackergesetzes von Rullus, welchen Cicero bekämpft, von data, assignata, concessa [6] die Rede; die Grundstücke der beiden ersten Kategorien bilden quiritarisches Eigenthum, die concessa den Lehnbesitz am Gemeinland.

Das Verhältniß des Precaristen zu der ihm überlassenen Sache wird noch von den späteren römischen Juristen als possessio aufgefaßt. Ebenso wird in unzähligen Stellen der Besitz

---

S. 76, welcher die Worte privati dadurch rechtfertigen will, daß der Länderbesitz der Reichen, obgleich er hauptsächlich auf Occupation von ager publicus beruhte, doch erst durch rechtmäßige oder unrechtmäßige Einnahme von ager privatus kleiner Leute sich vergrößert habe. Denn dergleichen Erwerbungen hatten nothwendig einen ganz andern Charakter als die possessio im engern Sinn. Statt colebat schreibt die Handschrift collidebat, Niebuhr konjekturirte colebat, Huschke possidebat.

6) Cicero de lege agraria II, 3, 7.

von Gemeinland als possessio bezeichnet.⁷ Auch hierin wird man einen Fingerzeig für die principielle Identität des precarium und des Besitzes am Gemeinland erblicken können. Im Uebrigen wollen wir nicht leugnen, daß die Leihe vom Staat ihre besondere Gestaltung hatte. Sie ist vor Allem von der gewöhnlichen dadurch verschieden, daß der private Grundherr den verliehenen Besitz mit dem interdictum de precario klagweise zurückfordert, wenn der Lehnsmann auf Verlangen nicht restituirt, während der Staat den Besitz im administrativen Wege einzieht. Andere thatsächliche Verschiedenheiten waren Folge der hervorragenden socialen Stellung vieler Besitzer vom ager publicus. Es gehörte hierhin namentlich die thatsächliche Veräußerlichkeit und Vererblichkeit.⁸ Auch die Abgabe vom Lehnbesitz am ager publicus ist dem privatrechtlichen Precarium fremd, welches wenigstens in den Pandekten durchaus als reine Liberalität dargestellt wird. Dies hebt nicht auf, daß die juristische Auffassung der Verhältnisse grundsätzlich dieselbe war.

Häufig wird bezeugt, daß die Occupanten des Gemeinlandes in älterer Zeit nur Patricier waren.⁹ Dies war schwerlich Staatsgesetz; denn den Gesetzen und dem civilen Recht war das Ver-

---

7) Es bedarf dies eines besonderen Beweises nicht. Vergl. die bei Schwegler am angeführten Ort Bd. 2 S. 424, Anm. 1 und 2 angeführten Stellen.

8) Die Vererbung als Thatsache steht fest, Annahme in Erbtheilung bezeugt Appian bell. civ. 1, 10. Ein wahres Erbrecht war nicht möglich. Dies konnte sich nach Civilrecht nur auf quiritarisches Eigenthum beziehen. Florus 3, 13, 10 bemerkt von den Possessoren daher: relictas sive a majoribus sedes aetate quasi iure hereditario possidebant. Anders steht es mit der bonorum possessio. Sie wird sich auch auf den Lehnbesitz bezogen haben. Freilich stehen wir hier auf unsicherem Boden, mehr als Hypothesen werden sich nicht gewinnen lassen.

9) Vergl. z. B. Livius 2, 41; 4, 48; 6, 5.

hältniß völlig unbekannt. Der Vorzug der Patricier beruhte auf den socialen Verhältnissen der alten Zeit, vielleicht dem jeweiligen, besondern Eingreifen patricischer Magistrate und dem Gebrauch. Man behauptet zuweilen, der Grund habe darin gelegen, daß die Patricier allein das nöthige Kapital zur Bebauung hatten.[10] Dies ist wohl wenig stichhaltig; denn das wichtigste Kapital bei der Urbarmachung wüster und Herstellung verwüsteter Gebiete ist die menschliche Arbeitskraft, die den Plebejern nicht fehlte. Es galt jedoch mehr oder minder bedrohtes Gebiet zu vertheidigen. Hierzu waren die Patricier vorzugsweise im Stande, welche dasselbe in Besitz nahmen und, wie Niebuhr richtig gesehen hat, ihren Klienten wiederum zu Unterlehn gaben.[11] Vereinzelte Plebejer konnten sich hiernach nur schwer als Occupanten halten. Dies um so weniger, als die Patricier nicht geneigt waren, ihre Konkurrenz zu dulden. Hiervon gibt die Notiz bei Nonius pag. 149, v. plebitatem Kunde: Hemina in annalibus: quicumque propter plebitatem agro publico eiecti sunt. Es ist gleichwohl zweifellos, daß schon in sehr alter Zeit die großen plebejischen Familien ausgedehnten Lehnbesitz am Gemeinland hatten. Unter Anderm war dies bei Licinius der Fall, welcher als Volkstribun die Licinischen Gesetze rogirte.

Die leges Liciniae Sextiae vom Jahre 387 der Stadt haben bekanntlich drei Maßnahmen kombinirt. Sie gewährten den Plebejern die Theilnahme am Consulat, reducirten die bestehenden Schulden und bestimmten als Maximum des Lehnbesitzes am

---

10) Marquardt, römische Staatsverwaltung Bd. 1 S. 99 ff. und andere Schriftsteller.

11) Hierauf ist die Stelle des Festus pag. 246 mit Niebuhr zu beziehen: atque [ii patres dicti sunt quia] agrorum partes ad[tribuerant tenuioribus] perinde ac liberis.

Gemeinland ben Betrag von 500 Morgen: ne quis plus quingenta jugera agri possideret.¹² Wenn es nothwendig erschien, ein solches Maximum festzustellen, so mußten bereits kolossale Besitzthümer dieser Form bestanden haben; daher läßt auch Livius lib. 6, cap. 36 die Tribunen gegenüber der patricischen Opposition gegen das Gesetz ausrufen: „Auderentne postulare ut, cum bina jugera agri plebi dividerentur, ipsis plus quingenta jugera habere liceret."

Es ist bekannt, daß man das Licinische Ackergesetz sofort umging, und daß dies durch Licinius selbst geschah, indem er seinen Sohn emancipirte und ihm einen Theil seines Besitzes abtrat.¹³ Bald wurde das Gesetz überhaupt nicht mehr beachtet.¹⁴ Es liegt zu Tage, daß das Vermögen und die Stellung der vornehmen Familien Roms vorzugsweise auf diesem Lehnbesitz beruhte. Indessen nahmen zweifellos mindestens seit dem Licinischen Gesetze auch kleinere Leute häufig an demselben Theil.¹⁵

---

12) Livius 6, 35: der Ausdruck possidere weist unseres Erachtens bestimmt darauf hin, daß es sich nur um possessiones am ager publicus und nicht um dominium ex jure Quiritium handelte. Auch spricht Liv. 6, 37 von agris occupatis und Plinius nat. hist. 18, 17 von arcifinischen Grundstücken. Allerdings ist die Sache bestritten, vergl. Huschke am angeführten Orte, S. 4 ff. Uebrigens war die lex Licinia de modo agri eine minus quam perfecta, indem sie dem Mehrbesitzer nur eine Mult androhte, ihm aber keineswegs den Mehrbesitz entzog. Vergl. auch Mommsen, römische Gesch. 6. Aufl. Bd. 1 S. 299 ff., wo geradezu die Frage aufgeworfen wird, ob die Gesetzgeber ganz ehrlich verfahren und nicht vielmehr der wahrhaft gemeinnützigen Lösung der leidigen Domanialfrage absichtlich aus dem Wege gegangen seien.

13) Liv. 7, 16. Die Erzählung dieser Geschichte bei Valerius Maximus 8, 6, 3 ist recht konfus.

14) Nur aus der nächsten Zeit nach Erlaß des Gesetzes wird uns von Bußen gegen die Uebertretung berichtet.

15) Huschke a. a. O. S. 13, Anm. 27.

Aber der Lehnbesitz blieb stets prekär. Er konnte sich nicht durch Verjährung konsolidiren, auch wenn er Jahrhunderte hindurch in der Hand derselben Familie verblieb. Denn am Besitzthum des römischen Volks war eine Erwerbung durch Verjährung unmöglich.[16] Im Rechtssinn bestand ein Erbrecht an demselben nicht; das Precarium erlosch mit dem Tode des Lehnsträgers. Nur durch rechtzeitige Neuoccupation konnte sich daher der Erbe das Besitzthum der Vorfahren sichern. Das quiritarische Eigenthum war zum großen Theil ein genau vermessenes, in bestimmten Grenzen eingeschlossenes. Eine derartige Vermessung war beim Lehnbesitz am Gemeinland nicht zulässig und der Besitz der Grenzländereien (de loco) mußte — insbesondere, wenn es sich um Weide handelte —, oft recht zweifelhaft sein.[17] Es ist daher nicht anders denkbar, als daß sich gerade um Lehnbesitz häufig Streitigkeit zwischen den Bürgern erhob.

In der ältesten Zeit fehlte es an Klagmitteln, um derartige Streitigkeiten zum rechtlichen Austrag zu bringen, weil eben das Civilrecht das Verhältniß total ignorirte. Es mag damals die private Vertheidigung durch die mächtigen Occupanten im Wesentlichen ausgereicht haben. Für die Dauer war dies nicht möglich. Nachdem die leges Liciniae Sextiae dem Besitz am Gemeinland bis zu 500 jugera mindestens indirekt eine gesetzliche Rückenbedeckung gegeben hatten, lag es dem Prätor außerordentlich nahe,

---

16) l. 9 D. de usurp. et usuc. 41, 3.
17) Siculus Flaccus ed. Lachmann p. 138: occupatorii autem dicuntur agri, quos quidam arcifinales vocant ...... Deinde ut quisque virtute colendi quid occupavit, arcendo vicinum arcifinalem dixit. Horum ergo agrorum nullum est aes, nulla forma, quae publicae fidei possessoribus testimonium reddat; quoniam non ex mensuris actis unusquisque modum accepit, sed quod aut excoluit aut in spem colendi occupavit. — Vgl. Frontin. de agr. qual. p. 5.

kraft magiſtratiſcher Gewalt Rechtsmittel zum Schutze der Beſitzer am Gemeinland aufzuſtellen. Solche Rechtsmittel waren vor Allem im Intereſſe von kleineren Poſſeſſoren, welche jederzeit von der Arrondirungsluſt mächtiger Nachbarn bedroht waren. Sie lagen aber auch im Intereſſe der großen Familien, deren Lehnbeſitz am Gemeinland hierdurch eine gewiſſe Konſolidirung erhielt.

Zu dieſem Zwecke wurde nach unſerer Auffaſſung das interdictum uti possidetis eingeführt, welchem das interdictum unde vi unterſtützend zur Seite trat. Daß die Einführung dieſer Rechtsmittel Anſtoß und Veranlaſſung in der lex Licinia Sextia fand, iſt freilich nichts als eine Hypotheſe, welcher eine äußere Beglaubigung nicht zur Seite ſteht. Sie iſt aber recht im Geiſt und Sinn der Epoche, welche durch große reformatoriſche Maßregeln den alten Ständehader ſchlichtete, den Klaſſenhaß beſchwichtigte und mit Grund der Concordia ihren Tempel erbaute.

§ 3.
Das interdictum uti possidetis als die Vindikation des Lehnbeſitzes.

Bekanntlich klaſſificirt die klaſſiſche Jurisprudenz der Römer die poſſeſſoriſchen Interdikte, bei welchen nur über die Beſitzfrage geſtritten wurde, in retinendae, recuperandae und adipiscendae possessionis, je nachdem es ſich um die Erhaltung beſtehenden Beſitzes, Wiedererlangung verlorenen oder Neubegründung noch nicht beſtehenden handelt.[1] Zu den interdicta retinendae possessionis wiederum rechneten die klaſſiſchen Juriſten einmal das interdictum uti possidetis zur Erhaltung des Beſitzes an Immo-

---
1) Gaji Instit. 4 §. 143.

bilien und dann das interdictum utrubi zur Erhaltung des Besitzes an Mobilien.²

Es ist nun streitig, welche Zwecke das interdictum uti possidetis ursprünglich verfolgte. Einige, bestimmt durch den Namen, behaupteten, daß es vorzugsweise dem Schutz bestehenden Besitzes gegen Störungen bienen sollte, daß der Prätor bedrohten Besitz durch das Interdikt zu diesem Zweck unter seine Garantie stellte, daß eine Klage aus einem solchen Interdikt nur dann Platz gegriffen habe, wenn der Gegner, gegen den das Interdikt erlassen war, durch wirkliche, ernstliche Störung sich gegen den prätorischen Befehl verfehlte.³ Diese Auffassung, welche früher auch von uns vertheidigt wurde, erscheint heutzutage als unhaltbar, nachdem durch Stubemunds Neuvergleichung des Manuscripts vom Gajus unsere Kenntniß vom Interdikt und von dessen Gang vervollständigt ist.⁴

Die andere Ansicht sieht den ursprünglichen und grundlegenden Zweck des Interdikts in der Regulirung der Parteirollen im Eigenthumsproceß. Da nach der Eigenthumsklage des klassischen Rechts der Besitzer die Rolle des Beklagten hat, der Nichtbesitzer die des Klägers, da dem letzteren der Beweis des Eigenthums obliegt, der erstere aber nicht beweispflichtig ist, so erscheint die Regulirung der Besitzfrage als präjudiciell für den Eigenthumsproceß. Es kann nothwendig sein, sie vor dessen Erhebung zu erledigen. Ziemlich einmüthig sieht man neuerdings in dieser

---

2) Gaji Instit. 4 §. 148.

3) Vergl. Schmidt, Interdikte S. 180 ff., und Eck, die sog. doppelseitigen Klagen §. 5, welche wenigstens für die ältere Zeit die Möglichkeit eines simplex interdictum uti possidetis unterstellen.

4) Es ist dies zuerst eingehend nachgewiesen von Paul Krüger, Kritische Versuche im Gebiete des römischen Rechts S. 88 ff.

Regulirung den Grund der Einführung des Interdikts durch den Prätor.⁵ Es gilt dies als ein Axiom, an welchen kaum mehr ein Zweifel erlaubt ist. Angesichts der unzweideutigen, wiederholten Nachrichten unserer Quellen, welche als Zweck dieses Interdikts die Besitzregulirung beim Eigenthumsstreit bezeugen, kann, so schreibt Jhering,⁶ jeder Versuch für die Einführung jener Interdikte einen anderen Ausgangspunkt zu gewinnen, auf sich beruhen bleiben.

Wie es sich mit den Nachrichten der Quellen, welche Jhering hierbei im Auge hat, verhält, ist später zu erörtern. Schon hier sei jedoch bemerkt, daß es sich nicht um specielle historische Nachrichten handelt, sondern um allgemeine, ziemlich vage Aeußerungen von juristischen Schriftstellern aus der Zeit Hadrians und späterer Kaiser.⁷ Solche allgemeinen Wendungen können uns einer eingehenden Untersuchung über den ursprünglichen Charakter des Interdikts nicht überheben, wenn sich aus anderen Quellenzeugnissen gewichtige Bedenken gegen jene Annahmen ergeben. Es wird nun gerade in dem ältesten Zeugnisse das Interdikt als der Vindikation parallel laufend bezeichnet, dasselbe weiß nichts davon,

---

5) Am entschiedensten hat dies neuerdings Beller, das Recht des Besitzes S. 99 ff., vertheidigt. Nach ihm wurde nach Einführung der Interdikte zunächst die Behandlung der Frage: „uter possessor" aus dem Verlauf der Vindikation ausgeschieden und einem Separatverfahren überwiesen; für die hierdurch bedingten Zwecke scheinen diesem Schriftsteller die interdicta retinendae possessionis so vorzüglich geeignet, daß er die Erfindung derselben (zu diesem Zweck) als eine geradezu geniale begrüßt. Nur das interdictum unde vi erachtet er als einen etwas weniger glücklichen Vorläufer des uti possidetis. Von derselben Grundanschauung geht Jhering, über den Grund des Besitzesschutzes S. 78, aus.
6) A. a. O. S. 78.
7) Die bezüglichen Stellen sind nämlich Gajus inst. 4 §. 148 und Ulpian l. 1 §. 3 D. uti possidetis 43, 17.

daß es für dieselbe präparatorisch sei. Wir werden hieraus zu schließen haben, daß es den präparatorischen Charakter erst allmählich und vorzugsweise erst in der Kaiserzeit gewann.[8]

Es ergiebt sich ferner, selbst bei oberflächlicher Prüfung, daß das i. uti possidetis ein Abbild der Vindikation des Eigenthums ist, eine Nachbildung derselben in allen wesentlichen Punkten. Dies giebt ein gewichtiges Argument für die Annahme, daß man wie durch die Vindikation den Allodialbesitz so durch das Interdiktum uti possidetis den Lehnbesitz schützen wollte. Denn wenn der Prätor ein Klagerecht zum Schutz des Lehnbesitzes einführte, so wies Alles darauf hin, daß er die Vindikation zum Schutz des Allod zum Vorbild nahm und daß er sich hierbei möglichst an die hier hergebrachten Formen anschloß. Hätte er dagegen einen einzelnen, für die Eigenthumsklage wichtigen, präparatorischen Punkt zur besonderen Entscheidung bringen wollen, so wäre es fast unbegreiflich gewesen, wenn er die Weitläufigkeit des Vindikationsprocesses dadurch vermehrt hätte, daß er alle Formen und Umwege desselben wiederspiegelte.

§ 4.
Das Interdictum uti possidetis und sein Verfahren.

Ueber das interdictum uti possidetis und seinen processualischen Gang sind wir verhältnißmäßig sehr gut unterrichtet. Wir kennen die Interdiktsformel im Wesentlichen, und Gajus theilt uns ausführlich die mancherlei Umschweife mit, durch welche das

---

8) Festus, v. possessio; auch Frontin de controversiis agrorum pag. 44, 4; 36, 14.

Interdiktsverfahren durchgeführt wurde.[1] Doch erst die Zusammenstellung mit der Vindikation ermöglicht ein tieferes Verständniß. Der geistige Gehalt, welcher in dem auffallenden und fremdartigen Wesen sich ausspricht, wird wohl nur durch unsere Hypothese erkennbar.

Die alte Formel des interdictum uti possidetis ist uns in der bereits erwähnten Stelle von Festus (v. possessio) erhalten, auf die wir unten noch näher eingehen müssen.

Uti nunc possidetis eum fundum, quo de agitur, quod nec vi nec clam nec precario alter ab altero possidetis, ita possideatis. Adversus ea vim fieri veto.

Der Prätor nahm in diesem Interdikt nur den Besitz landwirthschaftlicher Grundstücke unter seinen Schutz, was wir, beiläufig bemerkt, uns dadurch erklären, daß der Lehnbesitz am Gemeinland überwiegend solche Grundstücke betraf. Als man später das Interdikt auch wegen Gebäuden geben wollte, half man sich nicht durch Interpretation, indem man sie unter den fundus subsumirte; wie man dies bei der bekannten Zwölftafelstelle bezüglich der Usucapion gethan hatte, über die Cicero pro Caecina cap. 19, 54 berichtet: lex usum et auctoritatem fundi jubet esse biennium: at utimur eodem jure in aedibus, quae in lege non appellantur. Vielmehr hielt man für nöthig, ein besonderes Interdikt für die Gebäude aufzustellen, welches uns die Pandekten[2] erhalten haben und welches folgendermaßen lautet: Uti eas aedes, quibus de

---

1) Gaji inst. 4 §. 166 ff. Vergl. Schmidt, das Interdiktenverfahren der Römer S. 284 ff. Krüger, Kritische Versuche S. 88 ff. Lenel, das edictum perpetuum tit. 43, §. 247.

2) l. 1 pr. D. uti possidetis 43, 17. Darüber, daß beide Formeln später und auch im Habrianischen Edikt neben einander standen und daß nicht die jüngere die ältere verdrängte, siehe Lenel a. a. O.

agitur, nec vi nec clam nec precario alter ab altero possidetis, quo minus ita possideatis vim fieri veto.

Wir lassen diese einer späteren Entwicklungsepoche angehörige Interdiktsformel im Folgenden auf sich beruhen.

Der Interdiktsproceß um den fundus begann nun damit, daß beide Streittheile beim Prätor erschienen, ihre Anträge stellten und daß der Prätor die mitgetheilten Interdiktsworte aussprach. Die Formel lehrt und es ist ausdrücklich bezeugt, daß das Interdikt zweiseitig, duplex, war.³ Dieselbe Zweiseitigkeit fand sich bei der Vindikation im Sakramentsproceß. Hier war sie in förmlichen Worten der Proceßparteien verkörpert, der Vindikant sprach aus: fundus, qui est in agro, qui Sabinus vocatur, eum ego ex jure Quiritium meum esse ajo.⁴ Dieselben Worte hatte der Kontravindikant auszusprechen, worauf wir, da es bestritten ist, später zurückkommen werden. Beim Interdikt war den Proceßparteien die Form ihrer Anträge, so weit wir wissen, nicht vorgeschrieben. Daß jedoch jede Partei den Besitz für sich in Anspruch nahm, erhellt aus der Formel des Interdikts und aus seiner vollkommenen Duplicität. Es beweist dies auch sein weiterer normaler Gang.

Nachdem der Prätor die Worte des Interdikts verkündet hatte, lag den Parteien ob „vim facere". Diese wichtige Thatsache, welche schon früher Manche vermutheten, Manche bezweifelten, ergiebt nunmehr mit Sicherheit die Vervollständigung von

---

3) Gaji Inst. 4 §. 160: Duplicia sunt, veluti uti possidetis interdictum et utrubi: ideo autem duplicia vocantur, quod par utriusque litigatoris in his condicio est, nec quisquam praecipue reus vel actor intellegitur, sed unusquisque tam rei quam actoris partes sustinet; quippe praetor pari sermone cum utroque loquitur.

4) Cicero pro Murena 12, 26.

Gajus durch Studemund Buch 4, § 170 „ut qui cetera ex interdicto non faciat, veluti qui vim non faciat —".

Es ist dies derselbe Vorgang wie bei der alten Vindikation, bei welcher ein Scheinkampf stattfand unter Worten wie „inde ibi ego te ex jure manum consertum voco" und „ecce tibi vindictam imposui". Ob dereinst beim Interdikt dieselben Worte angewendet wurden wie bei der Sakramentsvindikation, ist begreiflich nicht mit Sicherheit zu bestimmen. Für wahrscheinlich erachten wir, daß ursprünglich beim Interdikt wie bei der Sakramentsvindikation ein Handgemenge aufgeführt wurde, das manus conserere, wenn man auch die festuca, das Zeichen des rechten Eigenthums [5] hier nicht angelegt hat. Es kommt übrigens hierauf nicht weiter an. Es genügt, daß die gegenseitige Gewalt beim Beginn des Interdiktsverfahrens wie bei der Sakramentsvindikation bezeugt ist.

Bei der Sakramentsvindikation verließ der Prätor, was der Zweiseitigkeit des Verfahrens entsprach, nachdem die Provokation zum Sakrament erfolgt war, dem einen der Streittheile den Besitz während der Dauer des Processes bis zur endgültigen Entscheidung. Dagegen hatte derselbe dem andern Theile Bürgen zu stellen, sogenannte praedes litis et vindiciarum zur Sicherung der Herausgabe der Sache und der Früchte der Zwischenzeit im Falle seines Unterliegens. Auch hatte er in diesem Fall die ungerechte Anmaßung des Besitzes mit dem Doppelten des Fruchtertrages zu büßen. Es entschieden hierüber drei arbitri. Festus v. vindiciae:

... si vindiciam falsam tulit, si velit is ... tor arbitros tres dato, eorum arbitrio .... fructus duplione damnum decidito.

---

5) Gaji Inst. 4 §. 16 am Ende.

Ganz analog verfuhr man beim Interdikt; es erhielt der Eine der Streittheile interimistisch bis zur Entscheidung des Interdiktsverfahrens den Besitz. Er hatte für den Fall seines Unterliegens dem andern Theile Bürgen zu stellen, auch verfiel er in eine Strafe wegen des angemaßten Fruchtgenusses für den Fall seines Unterliegens in der Hauptsache. Die Abweichungen betreffen das Detail. Die Zutheilung des interimistischen Besitzes während des Processes geschieht nicht einfach nach prätorischem Ermessen, sondern auf Grund einer Versteigerung, der sog. fructus licitatio. Derjenige Streittheil erhielt den Besitz und Fruchtgenuß, welcher für den Fall seines Unterliegens die höhere Summe bot, durch eine sog. fructuaria stipulatio dem Gegner versprach, und durch Bürgen versicherte.⁶ Die Licitationssumme war als Strafe zu zahlen; die Früchte, die der interimistische Besitzer in der Zwischenzeit gewonnen hatte, waren außerdem dem Sieger herauszugeben.⁷

Es erhält also nicht derjenige den interimistischen Besitz, welcher etwa den jüngsten ruhigen Besitz nachweist, wie bei dem modernen possessorium summariissimum, vielmehr kommt derjenige in Besitz, welcher die höhere Strafe für den Fall seines Unterliegens riskirt, sich seiner Sache sicherer dünkt, präsumptiv also auch der Berechtigte sein wird.

---

6) Gaji Inst. 4 §. 166 . . fructus licitando is tantisper in possessione constituitur, si modo adversario suo fructuaria stipulatione caverit, cujus vis et potestas haec est, ut si contra cum de possessione pronuntiatum fuerit, eam summam adversario solvat. Haec autem licendi contentio fructus licitatio vocatur.

7) Gaji Inst. 4 §. 167 . . summa enim fructus licitationis non pretium est fructuum, sed poenae nomine solvitur, quod quis alienam possessionem per hoc tempus retinere et facultatem fruendi nancisci conatus est.

Ein erheblicher Unterschied von dem Verhältniß der Vindicien in der Sakramentsvindikation liegt im Folgenden. Bei der Vindikation ist die Höhe der Strafe desjenigen, welcher den Besitz während des Processes zu Unrecht erlangt, zu nicht geringem Theil vom Zufall abhängig. Sie bestimmt sich schließlich nach der längeren oder kürzeren Dauer des Processes, nach dem nicht vorherzusehenden reichlicheren oder minder reichen Fruchtertrage des Jahres wie auch nach den höheren oder niederen Fruchtpreisen. Bei dem Interdikt wird die Strafe durch fructus licitatio ein für allemal nach ihrer Höhe fixirt, jeder Theil kennt also ihren Betrag. Er weiß von vornherein, was er für den Fall seines Unterliegens als Strafe zu zahlen hat.

Ein anderer mehr äußerlicher Unterschied des Interdiktsverfahrens und der Vindikation lag darin, daß die fructus licitatio und damit die Ertheilung des interimistischen Besitzes beim Interdikt der Weiterführung des Verfahrens vorging, während bei der Vindikation zuerst zum Sakrament provocirt und dasselbe geleistet wurde, und dann erst die Vindicien sich anschlossen. Vielleicht hat dies seinen Grund darin, daß man annahm, nachdem der interimistische Besitz zuertheilt war, würde der andere Theil sich oft beruhigen und der Fortgang des Prozesses unnöthig.[8]

Im Uebrigen bewegt sich auch des weiteren der Interdiktsproceß in ähnlichen Formen wie die alte Vindikation. — Bei der Vindikation provocirte der Vindikant den anderen Theil zum Sakrament durch die Worte: quando tu injuria vindicavisti.... sacramento te provoco. — Das Sakrament betrug bei Objekten unter 1000 As 50 Asse, bei Processachen von 1000 As und darüber 500 Asse. Es wurde ursprünglich deponirt, später aber zunächst nur versprochen

---

8) Vgl. unten S. 23.

und durch praedes versichert.⁹ Das weitere Verfahren drehte sich zunächst um die Frage, wessen sacramentum justum sei. Es ist bestritten, ob sich hieran ein Erkenntniß über das Eigenthum der vindicirten Sache unmittelbar anschloß, oder ob es nur dann zu einem Erkenntniß über die Sache selbst kam, wenn derjenige, dessen Sakrament als injustum erfunden war, den Konsequenzen dieses Urtheils nicht nachkam, insbesondere den Besitz, welchen er durch die Vindicien interimistisch erhalten hatte, dem Sieger nicht herausgab.¹⁰

Das Interdiktsverfahren konnte, wenigstens zunächst, nicht zu einem Sakrament führen, denn dies war nur zulässig in strengen Civilstreitigkeiten, bei welchen das jus Quiritium in Frage stand. Dennoch wurde es in analoger Weise weiter geführt, nämlich durch Sponsionen.

Gajus, Inst. 4 § 166 . . . . postea alter alterum sponsione provocat, quod adversus edictum praetoris possidenti sibi vis facta sit, et invicem ambo restipulantur adversus sponsionem: vel . . . . . una inter eos sponsio itemque restipulatio una . . . . . ad eam fit.

Bei der Vindikation durch legis actio knüpft sich also das Verfahren an das „injuria vindicavisti", bei dem Interdikt an das „vim facere adversus edictum praetoris". In beiden Fällen ist die ungerechte Gewalt durch eine Succumbenzstrafe bedroht, in

---

9) Varro lingua lat. 5 §. 180. Gaji Inst. 4 §. 13. Die Frage, ob zu übersetzen ist, ich provocire dich durch Sakrament, wobei hinzudenken ist zum Sakrament oder ob direkt von einem Provociren zum Sakrament gesprochen werden kann, lassen wir hier auf sich beruhen. Eine sachliche Verschiedenheit liegt nicht vor.

10) Vgl. hierüber Stintzing: über das Verhältniß der legis actio sacramento 1853 S. 32.

beiden Fällen handelte es sich aber nicht um ernste Gewalt, sondern um ein Schauspiel, welches aufgeführt werden mußte. Eine Verschiedenheit besteht darin, daß das Sakrament den Göttern verfällt, die Sponsionssumme im Interdiktsproceß dem Gegner.

Ueber die Höhe der Sponsionssumme giebt Gajus keine Auskunft. Eine Hypothese Lenels in seinem edictum perpetuum hat Wahrscheinlichkeit und füllt die Lücke aus. Die l. 1 pr. D. uti possidetis 43, 17 enthält unter Anderm als Theil des Edikts die Worte: neque pluris quam quanti res erit intra annum, quo primum experiundi potestas fuerit, agere permittam. Mit Recht hebt Lenel hervor, es sei nicht denkbar, daß der Prätor Klagen in solcher Form versprochen habe. Er unterstellt daher, es habe im Edikt gestanden sponsionem facere permittam.[11]

Hiernach wäre also anzunehmen, daß jede Partei die Höhe der Sponsion, zu welcher sie provocirte, nach Ermessen bestimmen konnte, — jedoch nur bis zum Maximum des Werths der Besitzung. Nicht annehmbar und willkürlich ist freilich die Behauptung, daß der Provokant erst durch ein juramentum calumniae die Höhe der von ihm geforderten Sponsionssumme habe rechtfertigen müssen.[12] Für einen solchen Kalumniencid würde es an jeder selbst moralischen Grundlage fehlen. Dagegen, daß man keine übertriebenen Anforderungen machte, schützte, außer dem prätorischen Maximum, die Nothwendigkeit der Restipulation, also die Uebernahme derselben Strafe, zu der man provocirte für den Fall, daß man seinerseits mit der Behauptung ungerechter Gewalt des Gegners unterlag.

---

11) Lenel, Das edictum perpetuum Tit. 43 §. 247, insbesondre S. 379.
12) So Lenel a. a. O.

Ist die Lenelsche Hypothese im Wesentlichen richtig, so ergiebt sich, daß es nicht schlechthin nothwendig war, in dem Termin, in dem man die Gewalt angesagt hatte, das Verfahren weiter zu führen. Man konnte sich vielmehr, nachdem die fructus licitatio geschehen und dem einen Theil der intermistische Besitz auf Grund derselben zugewiesen war, den Fall überlegen. Es war nur nothwendig, daß man die Provokation zur Sponsion innerhalb eines Jahres nach der Gewaltansage vornahm. Denn diese würde wohl als der Zeitpunkt anzusehen sein, quo primum experiundi potestas fuit.

Nachdem, wie bisher beschrieben, beide Theile sich zur Strafsumme durch Sponsionen für den Fall ungerechter Gewalt gegen das Interdikt verpflichtet hatten und jeder Theil sich durch Restipulation zu einer entsprechenden Strafe für den Fall verbunden hatte, daß er dem Gegner mit Unrecht ungerechte Gewalt vorgeworfen hatte, kam es dann weiter zur Erhebung einer Klage aus den gedachten Sponsionen und Restipulationen und zwar zunächst nur über die Sponsions- und Restipulationssummen selbst.

Gajus, Inst. 4 § 166ᵃ: [deinde ab utroque editis formulis omnium sponsionum et restipulationum, quas fieri placuit] judex, apud quem de ea re agitur, illud scilicet requirit [quod] praetor interdicto conplexus est, id est uter eorum eum fundum casve aedes per id tempus quo interdictum redditur, nec vi nec clam nec precario possederit: cum judex id exploraverit, et forte secundum me judicatum sit, adversarium mihi et sponsionis et restipulationis summas quas cum eo feci, condemnat, et convenienter me sponsionis et restipulationis, quae mecum factae sunt, absolvit —.

Nachdem solcher Gestalt der Richter die Strafsummen zuerkannt und damit auch indirekt darüber geurtheilt hat, wer der

Besitzer nec vi nec clam nec precario sei, fand das langathmige Verfahren naturgemäß wieder einen neuen Halt. Regelmäßig wird der im Sponsionsprocesse Verurtheilte, wenn ihm der interimistische Besitz in Folge der fructus licitatio zuertheilt war, dem andern Theil die Besitzung restituirt, die Früchte und die Strafsumme bezahlt haben. Es bedurfte, wenn dies zur Zufriedenheit des Siegers geschah, eines weiteren Processes nicht. Blieb jedoch der Gegner hartnäckig oder kam es zu keiner Einigung über den Umfang der Restitution, so ging die Sache in einem neuen Processe weiter.

Gajus 4 § 166*: et hoc amplius si apud adversarium meum possessio est, quia is fructus licitatione vicit, nisi restituat mihi possessionem, Cascelliano sive secutorio judicio condemnatur.

Dieses secutorium judicium war ein arbitrium, über welches aller Wahrscheinlichkeit nach nicht ein Judex wie über die vorhergehenden Sponsionen, sondern mehrere arbitri urtheilten. Vor diese wiederum konnte die fructuaria stipulatio, aus welcher die in Folge der fructus licitatio übernommene Strafe zu leisten war, nicht verwiesen werden. Denn aus der stipulatio entsprang eine condictio certi, über welche zu urtheilen nur der unus judex zuständig war. Hieraus erklärt sich unserer Ansicht nach folgende Mittheilung des Gajus 4 § 169:

Admonendi tamen sumus liberum esse ei qui fructus licitatione victus erit, omissa fructuaria stipulatione, sicut Cascelliano sive secutorio judicio de possessione reciperanda experitur, ita similiter de fructus licitatione agere: in quam rem proprium judicium conparatum est, quod appellatur fructuarium, quo nomine actor judicatum solvi satis accipit: dicitur autem et hoc judicium secutorium, quod sequitur sponsionis victoriam; sed non aeque Cascellianum vocatur.

Es ist sehr auffallend, auch bis jetzt nicht erklärt, wie man dazu kam, für die durch die fructuaria stipulatio versprochene Strafsumme, die durch condictio klagbar war, noch ein anderes Klagmittel, das judicium secutorium aufzustellen. Die Ansicht von Lenel ist unhaltbar, daß dies judicium auf den Ersatz des durch fructus licitatio dem Kläger verursachten Schadens ging und daß seine Einführung auf der Erwägung beruhte, daß sich bei der fructus licitatio die Dauer des Processes und daher auch die Vortheile des interimistischen Besitzes häufig nicht übersehen ließen, wonach also die Licitationssumme dem Kläger häufig keine hinreichende Entschädigung für den entbehrten Besitz gewährt hätte,[13] denn Gajus hebt ja ausdrücklich hervor, daß die Licitationssumme nicht Preis der Früchte sei, sondern Strafe und daß der Unterliegende noch außerdem die Früchte, die er percipirte, also wenn sie nicht mehr vorhanden waren, ihren Werth ersetzen mußte. Es ist zudem aus den Worten klar, daß das hier gemeinte secutorium judicium auf die in Folge der Licitation versprochene Strafsumme ging, und daß bezüglich der Höhe der Strafe ein Unterschied von der Stipulationsklage nicht bestand. Wir finden den Grund der Aufstellung der besondern Klage darin, daß man den Proceß auf die Strafsumme an die arbitri verweisen wollte, die über die Restitution des Besitzes und der Früchte zu sprechen hatten. Dies war aber nur möglich, wenn man neben der condictio certi eine actio in factum auf die Strafsumme in Aussicht stellte. Wenn man aus der stipulatio fructuaria direct klagte, so mußte ein drittes Geschworenengericht niedergesetzt werden; nämlich eines vor

---

13) Lenel a. a. O. S. 380.

einem judex, welcher über die sponsiones sprach, eines vor arbitri, welche über die Restitution des Besitzes entschieben, und endlich noch ein drittes unter einem judex über die fructuaria stipulatio. Man wende nicht ein, daß man den Proceß über die letzte Stipulation auch an den Proceß über die Hauptsponsionen hätte anschließen können. Dies hätte den Richter in der Hauptfrage mit einem Punkt behelligt, der verhältnißmäßig unbedeutend war und der auch erst eine Folge der Hauptentscheidung bildete.

Nachdem wir den Proceßgang, wie ihn die regelmäßige Ordnung des uti possidetis mit sich brachte, vollständig dargestellt haben, erscheint es zweckmäßig, noch mit einem Wort auf eine Mittheilung von Gajus einzugehen, über die Folgen, welche eintraten, wenn sich der eine Theil den Umschweifen und Weitläufigkeiten des Verfahrens entzog, womit er freilich die Ansprüche des Gegners anerkannte. Für diesen Fall wurden sogenannte secundaria interdicta gegeben, über welche sich Gajus 4 § 170 folgender Maßen verbreitet:

Sed quia nonnulli interdicto reddito cetera ex interdicto facere nolebant, atque ob id non poterat res expediri, praetor in eam rem prospexit et conparavit interdicta, quae secundaria appellamus, quod secundo loco redduntur, quorum vis et potestas haec est, ut qui cetera ex interdicto non faciat, veluti qui vim non faciat aut fructus non liceatur aut qui fructus licitationis satis non det, aut si sponsiones non faciat sponsionumve judicia non accipiat, sive possideat, restituat adversario possessionem, sive non possideat, vim illi possidenti ne faciat. Itaque etsi alias potuerit interdicto uti possidetis vincere, si cetera ex interdicto — tamen per interdictum secundarium —.

Diese Interdikte nöthigten also den Beklagten, welcher die Sache besaß und sich auf den Proceß nicht einließ oder die Fortsetzung desselben nicht wollte, die Sache mit Früchten dem Kläger zu restituiren, ohne daß es auf dessen materielle Befugnisse weiter ankam. War der Kläger im Besitz, so wurde gegen den Gegner ein unbedingtes Verbot der Störung erlassen.

Nachdem wir uns den Gang des Verfahrens im Einzelnen, seine Verwickelungen und Weitläufigkeiten vergegenwärtigt haben, müssen wir den Zweifel wiederholen, daß das Interdikt eingeführt worden sei, um die Parteirolle im Eigenthumsproceß festzustellen und zu ermitteln, wer als Besitzer Beklagter, als Nichtbesitzer Kläger in der Vindikation sein solle. Hätte man eine Prämie darauf gesetzt, ein Verfahren zu erfinden, welches die Entscheidung über jene präparatorische Frage am meisten verwickelte, unter den größten Umschweifen erledigte, — sie wäre reichlich verdient gewesen. Es gehören wahrlich tiefgewurzelte Vorurtheile dazu, um dieser Auffassung zu huldigen. In der alten Sakramentsvindikation erledigte der Prätor die Frage des interimistischen Besitzes während des Processes kurzer Hand durch ein Dekret. Gerade die Gegner nehmen meist, wenn auch mit Unrecht, an, daß damit die Parteirolle im Eigenthumsproceß fixirt worden sei. Wie soll der Prätor dazu gekommen sein, was sich seit Alters in einfachster Weise abspielte, einem Verfahren zu überweisen, dessen Verwicklungen und Schwierigkeiten geradezu erstaunlich sind.[14]

---

14) Damit man nicht glaube, daß hierin eine moderne Auffassung liegt, führen wir noch eine bekannte Stelle von Frontinus de controversiis agrorum lib. 1 an: de loco, si possessio petenti firma est, etiam interdicere licet, dum cetera ex interdicto diligenter peragantur: magna enim alea est, litem ad interdictum deducere, cujus est executio perplexissima. Si vero possessio minus firma est, mutata formula jure Quiritium peti debet proprietas loci.

Man hätte glauben müssen, er treibe mit den Quiriten seinen Spott, etwa so wie man einem Kinde die kleine Gabe in zahlreiche Hüllen einwickelt, damit es erst nach langem Bemühen den Kern finde. Ganz anders, wenn wir annehmen, daß das interdictum uti possidetis die der Vindikation nachgebildete Klage zur Vertheidigung des Lehnbesitzes war.[15] Seit alter Zeit war man gewohnt, daß die Sakramentsvindikation sich in zahlreichen Riten, förmlichen Worten, ehrwürdigen Weitläufigkeiten bewegte. Es hätte dem Römer der alten Zeit etwas gefehlt, wenn der wichtige Proceß über römisches Eigen nicht mit solchen Dingen verbrämt gewesen wäre. Wollte man für den Lehnbesitz ein entsprechendes Klagerecht gewähren, wie solches für die Vindikation des Allods bestand, so entsprach es der nationalen Auffassung, in ähnlicher Weise die Sache zu behandeln, ja die Formalitäten der ächten Vindikation womöglich noch zu übertrumpfen. Der Emporkömmling macht eben die Manieren des vornehmen Mannes aus altem Geschlechte nicht nur nach, sondern sucht sie zu überbieten.

Hiermit steht nicht im Widerspruch, daß, nachdem sich das Interdikt und sein Verfahren lange Zeit festgestellt hatte, eine Verwerthung desselben auch zur Regulirung der Parteirollen im Eigenthumsproceß stattfand. Denn es ist etwas Anderes, ein Rechtsmittel zu einem gewissen Zweck zu bilden und zu gestalten und etwas Andres, dasselbe, wenn man es vorfindet, zu neu sich geltend machenden Zwecken zu verwenden.

---

15) Hierbei setzen wir die recuperatorische Funktion des Interdikts zu Gunsten des vi, clam oder precario entsetzten Besitzers voraus, vgl. hierüber Bangerow Pandekten Bd. 1 § 336 Anm. 1 Ziff. 4. Es war also ganz ähnlich wie sich dies bei der alten Vindikation herausstellen wird, Besitz wahrend und Besitz zurückverschaffend.

§ 5.
Quellenzeugnisse.

Die Ergebnisse, welche sich uns aus der Gestaltung des Verfahrens im interdictum uti possidetis aufdrängten, werden durch gewichtige Zeugnisse aus der republikanischen Periode bekräftigt.

Es gehört hierher vor Allem die Mittheilung von Festus, in welcher Aelius Gallus, ein bekannter Jurist aus der letzten Zeit der Republik, citirt wird, und auf den sie aller Wahrscheinlichkeit nach in ihrem ganzen Verlauf zurückzuführen ist.

Wir geben den Text so wieder, wie ihn Huschke unter Verbesserung von Korruptelen im Wesentlichen unzweifelhaft richtig hergestellt hat:[1]

„possessio est, ut definit Aelius Gallus, usus quidem agri aut aedificii non ipse fundus aut ager, non enim possessio est e rebus, quae tangi possunt, neque qui dicit se possidere is suam rem potest dicere. Itaque in legitimis actionibus nemo ex jure Quiritium possessionem suam vocare audet, sed ad interdictum venit, ut praetor his verbis utatur: Uti nunc possidetis eum fundum q. d. a. quod nec vi nec clam nec precario alter ab altero possidetis, ita possideatis. Adversus ea vim fieri veto."

Dem Verfasser dieser Nachricht liegt der Gedanke fern, daß die Regulirung der Besitzfrage präparatorisch für die Eigenthumsklage sei. Im Gegentheil, er geht davon aus, daß derjenige, welcher den Besitz behauptet, Eigenthum nicht beanspruchen kann, da es ihm unmöglich ist mit der Behauptung zu klagen, daß ihm seine Besitzung nach Quiritenrecht zugehört. In diesem Sinn

---

1) Huschke, über die Stelle des Varro S. 93.

stellt er das Interdikt neben die Eigenthumsklage; er unterstellt offenbar, daß man nur das eine oder das andere Rechtsmittel geltend machen könne und erklärt, daß der Possessor mit dem Interdikt zu klagen habe.²

Es ist nun zuzugestehen, daß in der gedachten Stelle von Festus nicht ausdrücklich ausgesprochen ist, daß der Besitzer, mit welchem er sich beschäftigt, eine Possession am Gemeinland hat. Allein zweifellos war doch dies die wichtigste Possession noch zur Zeit von Aelius Gallus neben dem quiritischen Eigenthum. Wenn man zur Zeit von Aelius Gallus von Possessionen sprach, die im quiritischen Eigenthum nicht stehen dürfen, so begriff man darunter nothwendig die Possessionen am ager publicus. Hiernach weist das Zeugniß unzweideutig darauf hin, daß das interdictum uti possidetis dem Schutz des Besitzes am ager publicus diente.

Eine weitere Unterstützung der Annahme, daß das interdictum uti possidetis das Rechtsmittel zum Schutz der Possessoren am Gemeinland war, giebt Cicero de lege agraria III cap. 3 § 11:

nam attendite, quantas concessiones agrorum hic noster obiurgator, uno verbo facere conetur: „quae data, donata,

---

2) Eine gewisse Verwandtschaft mit der Stelle von Festus hat die l. 115 D. de V. S. 50, 16 Javolenus libro quarto epistularum. Nach dieser Stelle ist „possessio usus, ager proprietas loci." Der Gegensatz von possessio und proprietas wird festgehalten: quidquid apprehendimus cujus proprietas ad nos non pertinet aut nec potest pertinere, hoc possessionem appollamus. Wie weit entfernt sich doch Javolenus von den Schlagworten Jherings, nach denen der Besitz eine Eigenthumsposition, die Thatsächlichkeit, Sichtbarkeit des Eigenthums ist, und demzufolge „die Grenzen der Möglichkeit des Eigenthums auch die der Möglichkeit des Besitzes bilden". Grund des Besitzesschutzes S. 144.

concessa, vendita" patior; audio; quid deinde? „possessa" haec tribunus plebis promulgare ausus est, ut quod quisque post Marium et Carbonem consules possidet, id eo jure teneret quo qui optimo privatum! Etiamne si vi eiecit? etiamne si clam, si precario venit in possessionem? ergo hac lege jus civile, causae possessionum, praetorum interdicta tollentur.

Rullus wollte in seinem Ackergesetz den Zustand der Besitzer derjenigen Grundstücke konsolidiren, die seit dem Consulat von Marius und Carbo aufgetheilt waren oder auch einen Besitzer hatten. Er schrieb daher vor, daß fortan solche possessa in das quiritische Recht des Besitzers treten sollten, mit andern Worten allobificirt würden. Hier entstand dann freilich die Frage, wer bisher der wahre Besitzer war, eine Frage, welche auch seiner Zeit in Preußen bei der Regulirung des Laßbesitzes d. h. der Verleihung des vollen Eigenthums an den bisher nur prekaristischen bäuerlichen Besitzer eine Rolle spielte. Cicero stellt sich auf den Standpunkt, daß unter possessa nur der gegenwärtige, thatsächliche Besitz des Lehnguts verstanden werde, daß hiernach die Rechte derjenigen, denen der Besitz vi, clam oder precario entwunden war, verletzt, die Interdikte, welche die Rechte der Vorbesitzer schützten, umgestürzt würden. Hiergegen hätte sich vielleicht erwidern lassen, unter possessor sei der zu verstehen, der im interdictum uti possidetis obsiegen muß. Für uns kommt hierauf nichts an. Es ergiebt sich klar aus der Stelle von Cicero, daß für den Lehnbesitz am ager publicus Interdikte bestimmt waren, daß sie die exceptio vitiosae possessionis enthielten. Welche andre sollten dies sein, als das interdictum uti possidetis und unde vi? So erscheint das auch äußerlich beglaubigt, was sich uns fast mit zwingender Gewalt aus dem Interdiktverfahren ergab.

§ 6.

Opposition Puchta's.

Besonders energisch hat Puchta die Beziehung des interdictum uti possidetis auf den ager publicus in Abrede gestellt.

Man glaubt, führt er aus, die Possessoren des gemeinen Feldes seien durch die possessorischen Interdikte geschützt worden; von dieser ursprünglichen Anwendung aus seien sie dann später auf Privatgrundstücke ausgedehnt worden. Diese Hypothese beruht, meint er, auf keinem Grund als dem Wort possessio. Jener Besitz am ager publicus und der Besitz, für den die Anwendung der possessorischen Interdikte allein beglaubigt ist, sind so wesentlich verschiedene Dinge, als sie nur bei dem gemeinschaftlichen Merkmal: Verhältniß zu Sachen, das nicht Eigenthum ist, sein können. Jener Besitz am ager publicus beruht auf einem rechtmäßigen Grund, der Verleihung durch den Staat, dieser, der Interdiktenbesitz ist von der causa unabhängig. Nirgends kommt denn auch, schließt Puchta,[1] eine Hindeutung auf einen Zusammenhang der possessorischen Interdikte mit dem ager publicus vor. Dagegen finden wir für denselben ein ganz anderes Interdikt, kein possessorisches, das interdictum de loco publico fruendo l. 1 pr. D. h. t. 43, 9.

Mit Recht macht Schwegler[2] hierzu tadelnde Glossen. Die Possession am gemeinen Land, erwidert er, beruhte nicht auf Verleihung durch den Staat, sondern auf dessen Zulassung. Daß keine Hindeutung auf den Zusammenhang des interdictum

---

1) Puchta, Institutionen Bd. 2 §. 227, achte Auflage herausgegeben von Krüger S. 146.

2) Schwegler, römische Geschichte Bd. 2 S. 427 Anm. 1.

uti possidetis und des Besitzes am Gemeinland vorkomme, findet er unrichtig. Endlich führt er mit Recht aus, daß sich das interdictum de loco fruendo nicht auf die Possessoren des gemeinen Feldes, sondern auf die publicani bezog, welche die Einziehung der Vectigalien gepachtet hatten. Dies geht namentlich hervor aus der beigefügten Interpretation Ulpians: interdictum hoc ... tuetur ... vectigalia publica, dum prohibetur quis vim facere ei, qui id fruendum conduxit.³

§ 7.
Das interdictum unde vi.

Sollten die bisherigen Ausführungen die Ueberzeugung begründet haben, daß das interdictum uti possidetis ursprünglich das Rechtsmittel der possessores am Gemeinland war, so würde es kein Bedenken haben, das Gleiche für das interdictum unde vi anzunehmen; denn beide Rechtsmittel stehen in naher Verwandtschaft. Und zwar erachten wir das i. unde vi als das jüngere Rechtsmittel, dazu bestimmt, in einem besonders wichtigen Fall den Umschweifen des i. uti possidetis zu entgehen. Denn an sich konnte der mit Gewalt Dejicirte auch mit diesem Interdikt in Folge seiner rekuperatorischen Funktion Besitzrestitution erlangen; das i. unde vi ermöglichte ihm nur, dies Ziel einfacher und rascher zu erreichen.

Die lex agraria vom J. 643 bestätigt die Annahme, daß das interdictum unde vi den Possessionen am Gemeinland zugehört. Nachdem die Lex in Z. 14 bestimmt hat, daß gewisse von

---

3) l. 1 §. 1 D. de loco publico fruendo 43, 9.

Dernburg, juristischer Besitz. 3

ihr bezeichnete Possessionen am Gemeinland in das Privateigenthum übergehen sollen, fährt sie Z. 18 nachfolgend fort:

[Sei quis eorum, quorum ager] supra scriptus est, ex possessione vi ejectus est, quod ejus is quei ejectus est possederit, quod neque vi neque clam neque precario possederit ab eo, quei eum ea possessione vi ejec[erit: quem ex hac lege de ea re jous deicere oportebit, sei is quei ita ejectus est, ad eum de ea re in jous adierit ante eidus Mar]tias quae post hanc legem rogatam primae erunt, facito utei is, quei ita vi ejectus e[rit in eam possessionem unde vi ejectus fuerit, restituatur.]

§ 8.
Die zweiseitige Eigenthumsklage im Allgemeinen.

Unsere Untersuchung hatte bisher vorzugsweise den Zweck positiv darzuthun, daß das interdictum uti possidetis ursprünglich das Rechtsmittel zum Schutze des Lehnbesitzes am Gemeinland war. Dieser positive Nachweis soll im Folgenden dadurch eine Ergänzung finden, daß dargethan wird, daß bei der Sakramentsvindikation ein Bedürfniß zu einer besonderen Regulirung der Parteirollen nicht bestand, ja daß dieselbe hier schlechthin keinen Raum findet. Gelingt dies, so ist die innere Unhaltbarkeit der herrschenden Ansicht erwiesen und die Nothwendigkeit einer anderen Auffassung der Entwicklungsgeschichte des interdictum uti possidetis festgestellt, denn daß die possessorischen Interdikte erst der spätesten republikanischen Zeit ihre Entstehung dankten, in welcher die Sakramentsvindikation allmählich abstarb, ist sicher nicht anzunehmen.

Für die Eigenthumsklage bestanden bekanntlich in Rom drei verschiedene Formen, die sich successive entwickelten, zeitweise aber alle nebeneinander vorkamen. Die älteste Form war die Vindikation als legis actio sacramento; eine spätere Klageart war die Eigenthumsklage durch Sponsion, an welche sich dann letztlich die Klage durch formula petitoria anschloß. Diese Klagearten unterscheiden sich offenbar durch die Verschiedenheit der Proceßformen. Es ist dies aber keineswegs der einzige Unterschied. Von nicht minderer Bedeutung ist, daß die legis actio sacramento eine zweiseitige Vindikation bildete, daß hier die Lage des Klägers, des sog. Vindikanten, und des Beklagten, des Kontravindikanten, die gleiche war; daß sich dagegen die beiden jüngeren Klagearten zu einseitigen Vindikationen gestalteten, daß hier der Nichtbesitzer als Kläger auftreten mußte, der Besitzer der Beklagte war und daß dem Kläger der volle Beweis oblag, bei dessen Mißlingen der Beklagte im Besitz blieb.

Die Zweiseitigkeit der Vindikation der legis actio sacramento hat für unsere Vorstellung etwas Befremdendes. Wir sind so an die Denkform gewöhnt, welche das spätere römische Recht der Sache gab, daß wir eine andere Behandlung kaum zu begreifen vermögen. So erklärt es sich, daß neuerdings die Zweiseitigkeit der Sakramentsvindikation energische Bestreitung fand. Die Kontroverse, welche sich hieraus entwickelte, ist, wie es scheint, noch nicht vollständig geschlichtet. Es würde den Rahmen dieser Abhandlung überschreiten, wenn wir die Gründe für und wider erschöpfen wollten. Wir können aber auch nicht an der Kontroverse einfach vorbei gehen, denn die Zweiseitigkeit der Sakramentsvindikation ist einer der Grundpfeiler unserer Argumentationen bezüglich des interdictum uti possidetis. Wir müssen uns damit begnügen, diejenigen Gründe, welche die Zweiseitigkeit der Vindikation aufs stärkste stützen, vorzuführen und diejenigen Zweifel zu widerlegen, welche am ehesten einen Anschein haben.[1]

Es ist unbezweifelt und klar, daß die Hauptquelle für die Kenntniß der alten Vindikation, der Bericht von Gajus, unzweideutig und bestimmt die Zweiseitigkeit der Sakramentsvindikation bezeugt.

Gajus 4 § 16: .... qui vindicabat, festucam tenebat, deinde ipsam rem adprehendebat veluti hominem, et ita dicebat: „hunc ego hominem ex jure Quiritium meum esse ajo secundum suam causam, sicut dixi, ecce, tibi vindictam inposui", et simul homini festucam inponebat; adversarius eadem similiter dicebat et faciebat; cum uterque vindicasset, praetor dicebat: „mittite ambo hominem;" illi mittebant; qui prior vindica[verat, ita alterum interroga]bat: „postulo anne dicas, qua ex causa vindicaveris;" ille respondebat: „jus feci sicut vindictam inposui;" deinde qui prior vindicaverat, dicebat: „quando tu injuria vindicavisti, D aeris sacramento te provoco;" adversarius quoque dicebat: „similiter et ego te."

Gajus berichtet also, daß der Vindikant mit der Eigenthumsbehauptung und mit thatsächlicher Gewalt zur Geltendmachung seiner Ansprüche vorging, und daß sein Gegner, der sogenannte Kontravindikant dasselbe ähnlich sprach und that. Gerade hierin soll sich jedoch Gajus geirrt haben. Gewalt gezeigt, vinbicirt in diesem Sinn habe auch der Gegner, der Beklagte, aber Eigenthum an-

---

[1] Gegen die Zweiseitigkeit der Sakramentsvindikation trat auf Lotmar, die legis actio sacramento in rem, 1876: gegen ihn sprach sich aus Brinz, zur Kontravindikation in der legis actio sacramento, in der Festgabe zum Doctorjubiläum von v. Spengel, 1877 und wiederum replicirte Lotmar hiergegen: kritische Studien in Sachen der Kontravindikation, 1878.

sprechen, das habe der Beklagte nicht gemußt. Durch Mißverständniß des Wortes Vindikation, welches doch nur „Gewalt zeigen" heiße, sei Gajus dazu verführt worden, irrthümlicher Weise hinzuzufügen, daß der Beklagte auch gesprochen habe, was der Kläger sprach.² In bem Bericht von Gajus seien zu unterscheiden die referirten Formelworte, sie seien das eigentlich Wesentliche, worauf es ankomme, und seine eigenen Mittheilungen; hier sei ein Irrthum leicht möglich, sie fielen nicht so schwer ins Gewicht. Die Formelworte nun zeigten, daß der Beklagte bei der Kontravindikation, also seiner Gewaltübung, Eigenthum nicht behauptet habe; denn es wäre sinnlos gewesen, wenn der Kläger den Verklagten frage: „postulo anne dicas, qua ex causa vindicaveris?" falls dieser schon von vornherein als Grund der Vindikation die Eigenthumsbehauptung aufgestellt hätte.

Wir sind weit davon entfernt, die Angaben von Gajus schlechthin für untrüglich zu erachten; wir werden uns stets fragen müssen, ob es sich bei seinen Berichten um Dinge handelte, deren genaue Erforschung in der Richtung seiner Studien lag, die er wissen konnte und mußte. Dies ist aber unserer Ansicht nach bei seinen Angaben über die Sakramentsvindikation entschieden der Fall. Mag dieselbe zur Zeit des Gajus nicht mehr in alter Weise aufgeführt worden sein, so geschah dies doch noch zweifelsohne in

---

2) Otfried Müller hat im rheinischen Museum für Jurisprudenz Bd. 5 S. 199 ff. ausgeführt, daß aus vim dicere das fast verlorene Zeitwort vindicere zusammengewachsen, von diesem vindex und hieraus vindicare gebildet sei. Vindicare als „Gewalt zeigen" sei nun, meint Potmar, zur legis actio sacramento S. 26, auf den Angriff sowohl wie auf die Abwehr anwendbar. Potmar hat indessen nicht nachgewiesen, daß die Römer das Wort vindicare wie Otfried Müller verstanden haben; vgl. hiergegen Gellius noct. att. 20, 10. Die heutige Philologie erachtet zudem die Ableitung des vindicare von vim dicere nicht für richtig.

den letzten Zeiten der Republik, und die Darstellung ihres Ganges nach den verbreiteten Büchern aus dieser und der früheren Zeit lag den Juristen der Zeit Hadrians vollständig vor. Wenn Gajus kurz sagt: adversarius similiter eadem dicebat et faciebat, so sprach er etwas aus, was er wissen konnte und mußte. Ein Irrthum ist um so weniger wahrscheinlich, als es Gajus, welcher aus Praxis und Schule mit der einseitigen Vindikation vorzugsweise vertraut war, zweifelsohne auch schon als etwas Besonderes erschien, daß die Sakramentsvindikation der alten Zeit zweiseitig war. Hätte es sich also nicht um eine feststehende Thatsache gehandelt, so hätte er jene Worte sicher nicht niedergeschrieben.

Einen Widerspruch des Berichts von Gajus und der erhaltenen Formelworte, der allerdings zu Ungunsten seines Berichts entschieden werden müßte, können wir nicht zugeben. Die Vindikation stellt einen Streithandel vor, zunächst tritt jeder Theil dem andern mit der Behauptung des Eigenthumsrechts mit Worten und thatsächlich entgegen. Der Prätor tritt dann dazwischen; er verbietet weitere Gewalt, sein Befehl bringt jedoch den Streit nur einen Augenblick zur Ruhe. Der Vindikant beginnt von neuem mit der Frage: „Wie kommst du dazu, mir Gewalt anzuthun?" Das ist mit vollendeter Naturwahrheit einem Streithandel nachgebildet; der in seinem Recht und in seinen Gefühlen Gekränkte läßt sich durch das Eintreten des Dritten nur einen Augenblick beschwichtigen. Er frägt nach dem Grund, weshalb sich der Andere der Gewalt unterstand. Weiß er auch den Grund, so würdigt er ihn doch nicht, er reibt sich aufs neue am Gegner. Nachdem sich nunmehr dieser wiederum auf das Recht beruft und zwar diesmal ohne Gewalt zu üben, fordert er ihn endlich seinerseits zum Rechtsgang heraus.

Hiernach liegen in dem Bericht von Gajus gar keine Gründe, um die Duplicität der Vindikation, welche er uns vorführt, in Zweifel zu ziehen. Eine erhebliche Unterstützung erhält aber der Bericht des Gajus durch Cicero pro Murena cap. 12, vor allem durch die Eingangsworte: cum hoc fieri .. posset „fundus Sabinus meus est", „immo meus"; deinde judicium: noluerunt.

Cicero will die Weitschweifigkeit, den leeren Formelkram der Juristen an dem Beispiel des Sakramentsprocesses persiffliren und damit den Gegner des Murena, den Juristen Servius Sulpicius lächerlich machen. Zu diesem Zweck sucht er zu zeigen, daß das Wesen der Vindikation in ganz wenigen Worten darzustellen sei. Diese Kürze soll sich abheben gegenüber dem unnützen Wortgeklingel der Juristen. Als Kern der Sache bezeichnet er gerade die beiderseitige Eigenthumsbehauptung. Es ist sehr unwahrscheinlich, daß sich Cicero hierbei über das Wesen der Vindikation in der legis actio getäuscht habe.

Beide Schriftsteller, Gajus und Cicero, stimmen in der Auffassung der Vindikation überein; daß sich beide bezüglich eines so wichtigen und hervorstehenden Punktes irrten, ist kaum denkbar.[3]

§ 9.
Durchführung der Duplicität im Vindikationsproceß.

Auch solche Schriftsteller, welche die Duplicität der Vindikation in der legis actio sacramento anerkennen, sind zum Theil

---

3) Wer die Analogie des interdictum uti possidetis und der Vindikation, wie wir sie auszuführen suchten, für richtig hält, wird aus der Duplicität des Interdiktes und der Gleichheit der Stellung der Parteien in demselben ein weiteres und nicht das geringste Argument für die Zweiseitigkeit der Vindikation entnehmen.

der Ansicht, daß sich die Duplicität im Laufe des Verfahrens verloren habe.

Es wurde oben hervorgehoben, daß, nachdem die Vindikation stattgefunden hatte, von beiden Seiten zum Sakrament provocirt und dasselbe geleistet war, der Prätor einem der Streittheile für die Dauer des Processes den interimistischen Besitz des Streitobjekts ertheilte.

Gajus 4 § 16 . . . postea praetor secundum alterum eorum vindicias dicebat, id est interim aliquem possessorem constituebat, cumque jubebat praedes adversario dare litis et vindiciarum, id est rei et fructuum.

Es kommen nun zwei Behauptungen vor, welche mit einander in innerer Verbindung stehen, übrigens, wie wir von vornherein bemerken, beide gleich irrig sind.

Die eine Behauptung geht dahin, es habe sich der Rechtssatz festgestellt, daß der Prätor die Vindicien demjenigen habe geben müssen, welcher auch bisher der Besitzer war.[1] Diese Ansicht wird sehr häufig wiederholt und man hat sie zum Fundament weit ausgesponnener Hypothesen gemacht; aber dieses Fundament ist ein luftiges, nicht eine Spur quellenmäßiger Begründung findet sich für dasselbe, im Gegentheil spricht, was wir von der Ertheilung der Vindicien erfahren, gegen diese Auffassung. Die zwölf Tafeln trafen in Bezug auf die Ertheilung der Vindicien nur die eine specielle Vorschrift, daß sie secundum libertatem zu geben seien. Hierbei machte es keinen Unterschied, ob derjenige, um dessen Freiheit es sich handelte, bisher im Besitz der Freiheit war, oder ob ihn bis-

---

[1] Dies scheint u. A. die Ansicht von Beller a. a. O. S. 99 zu sein. Dagegen denkt sich Ihering, Grund des Besitzesschutzes S. 76, die Sache so: mit den Interdikten ist die Besitzfrage aus einem Gegenstand des discretionären Ermessens des Prätors eine Sache geregelter, richterlicher Entscheidung geworden.

her der Gegner als Sklave besaß. Wir erfahren ferner aus einer Aeußerung von Cato bei Festus v. vindiciae, daß die Prätoren secundum populum vindicias dicunt, womit nicht sowohl eine gesetzliche Pflicht als ein Brauch bezeichnet wird. Als Grund wird man vorzugsweise ansehen müssen, daß die gehörige Restitution des Streitobjekts im Falle des Unterliegens des interimistischen Besitzers beim Staat am besten gewährleistet schien. Daß der Prätor den bisherigen Besitz keineswegs vorzugsweise berücksichtigte, geht aus den Worten von Gajus hervor: interim aliquem possessorem constituebat. Der Prätor macht also den einen zum Besitzer; dies ist etwas ganz Anderes, als er erhält den Besitzer im status quo. Sollen wir Vermuthungen äußern, so meinen wir, daß der Prätor vorzugsweise denjenigen berücksichtigt habe, welcher ihm prima facie berechtigt erschien; daneben aber kam ihm in Betracht die Sicherstellung der Restitution im Falle des Unterliegens. Daher die größere Zuverlässigkeit oder ökonomische Solvenz der einen oder der andern Prozeßpartei maßgebend war. Hätte der Prätor bei der Ertheilung der Vindicien den bisherigen Besitz berücksichtigt, so hätte er ihn erst ermitteln müssen. Dies nehmen freilich Viele an und finden hierin den Grund des interdictum uti possidetis. Aber es bestand hierzu kein Bedürfniß und man baut, wie bemerkt, bei dieser Hypothese auf luftiger Grundlage.

Eine zweite Behauptung, welche jener ersten eine Art innerlicher Rechtfertigung zu geben sucht, geht dahin, daß die Ertheilung der Vindicien die Beklagtenrolle bestimmte und dem Gegner die Rolle des Klägers und die Last des Beweises auflegte. Die Thatsache, meint Bethmann-Hollweg,[2] müsse nur dem Recht

---

2) Bethmann-Hollweg Civilproceß Bd. 1 S. 143.

weichen; dem Kläger, also dem Nichtbesitzer, habe es obgelegen, die Geschworenen von seinem behaupteten Rechte zu überzeugen, widrigenfalls sie sein sacramentum für injustum erklären mußten, so daß der Beklagte und Besitzer auch ferner im Besitz geschützt wurde.

Hiernach wäre die Doppelseitigkeit der Vindikation im Sakramentsproceß nur eine scheinbare, die Vindikation im Grunde doch nur eine einseitige. Zwar mußte jeder Theil, also auch der Beklagte, bei der legis actio sein Eigenthum behaupten, und für den Fall der Unrichtigkeit seiner Behauptung das Sakrament aufs Spiel setzen. In Wirklichkeit käme es aber auf die Behauptung des Beklagten gar wenig an. Wenn nur der Prätor seine Schuldigkeit thut und dem besitzenden Beklagten, wie er nach jener Unterstellung müßte, die Vindicien giebt, so liegt schließlich wieder bei dem Kläger allein die Beweislast. Vergebens sehen wir uns in dem Berichte bei Gajus nach einer Bestätigung um. Nach jener Auffassung wäre die Ertheilung der Vindicien der Angelpunkt des Processes gewesen, hiervon weiß Gajus offenbar nichts.

Daß die Ertheilung der Vindicien nicht über die Beklagtenrolle entschied, geht insbesondere aus der Gestaltung des Processes über die Freiheit in der Kaiserzeit hervor.

In der Kaiserzeit hat der Freiheitsproceß die Gestalt einer einseitigen Klage erhalten, entsprechend der jüngeren Form der Eigenthumsvindikation. Es hat also der Nichtbesitzer die Rolle des Klägers und die Beweislast, der Besitzer die Stellung des Beklagten und die Freiheit vom Beweis. Auch in der Kaiserzeit bestand noch der uralte Grundsatz zu Recht, daß der angebliche Sklave während des Freiheitsprocesses im interimistischen Besitz der Freiheit war. Aber dieser interimistische Besitz, welcher den Vindicien des alten Rechts entsprach, war ohne jeden Einfluß auf die Parteirolle; vielmehr entschied der Magistrat mittels besonderer Untersuchung darüber, ob der angebliche Beklagte bis zum Proceß sine dolo malo in libertate war oder nicht. Nur im Falle der Bejahung hatte der Herr die Beweislast, im Falle der Verneinung lag sie dem Sklaven ob. Es ergiebt sich hieraus, daß zwischen den Vindicien und der Parteirolle kein innerer Zusammenhang besteht.³

Nach dem allen haben wir keinen Grund, daran zu zweifeln, daß die Duplicität in dem Sakramentsproceß nicht bloß eine scheinbare, sondern eine wirkliche war. Mit andern Worten, daß sie nicht bloß beim Beginn des Rechtsstreits bestand, sondern bis zu dessen Erledigung fortdauerte. Wenn Neuere darüber streiten, ob bei der Sakramentsvindikation der Vindikant oder Kontravindikant der Besitzer war,⁴ so ist das Richtige, daß beides der Fall sein konnte. In der Regel wird der Nichtbesitzer vindiciren, denn er hat ein Interesse daran, den Besitz des Gutes zu erlangen, dessen Eigenthum er beansprucht. Aber auch der Besitzer, welcher bedroht war, konnte sich veranlaßt sehen zu vindiciren, um seinen Besitz sicher zu stellen. Die Sakramentsvindikation hatte eben die doppelte Aufgabe, Recht und Besitz zu schirmen.⁵ Beides war noch nicht getrennt wie im späteren Recht.

Gewiß stimmt dies wenig zu den dogmatischen Auffassungen, die im jüngeren römischen Rechte herrschen und die wir uns derart zu eigen gemacht haben, daß wir uns schwer in andere Rechts=

---

3) Bruns Besitzklagen S. 19, l. 7 §. 5, l. 10, l. 24 pr., l. 25 §. 2 D. de liberali causa 40, 12.

4) E. Roth, Beitrag zur Lehre von der legis actio sacramento in rem in der Zeitschrift für Rechtsgeschichte Bd. 16 romanistische Abtheilung S. 136, nimmt an, daß Beklagter, unter dem er sich den Besitzer denkt, die erste Vindikation sprach.

5) Sie war wie das i. uti possidetis, sowohl retinendae als auch recuperandae possessionis.

anschauungen versetzen können. Insbesondere taucht, wie schon oben bemerkt wurde, immer wieder der schwer zu unterdrückende Zweifel auf, wie es stand, wenn der Richter nicht zur Ueberzeugung kommen konnte, daß eine der Proceßparteien der Eigenthümer sei. Im neueren Recht ist der Richter nicht genöthigt, in solchem Falle Einen als Eigenthümer anzuerkennen; er weist den Kläger ab, wenn dieser den Eigenthumsbeweis nicht geführt hat; der Beklagte bleibt im Besitz, ohne daß es darauf ankommt, ob er ein Recht irgend einer Art hat, denn: actore non probante reus absolvitur.⁶ In der Sakramentsvindikation traten sich die Eigenthumsbehauptung des Vindikanten und die des Kontravindikanten schroff gegenüber. Jeder Theil hatte sein Sakrament für den Fall der Unrichtigkeit dieser seiner Behauptung auf das Spiel gesetzt. Wie aber, wenn der Richter beide Behauptungen unrichtig fand? Die römischen Schriftsteller gehen auf diese Frage nicht ein. Die Neueren haben sehr verschiedene Hypothesen aufgestellt, um sie zu lösen; sie sind zum Theil scharfsinnig, aber keine hat auch nur den Anschein quellenmäßiger Begründung.⁷ Wir nehmen an, daß die Frage für die Römer der alten Zeit nicht existirte.

---

6) Vgl. l. 9, l. 80, l. 24 D. do R. V. 6, 1.

7) Eck, doppelseitige Klagen S. 16, geht von der unseres Erachtens richtigen Ansicht aus, der Richter habe zu Gunsten dessen entschieden, welcher das relativ bessere Recht, beziehungsweise den jüngsten Besitz dargethan habe. Dagegen spricht natürlich nicht, wie Roth a. a. O. S. 126 annimmt, der Wortlaut der Formel rem meam esso ex juro Quiritium; denn es frägt sich, unter welchen Voraussetzungen dies als erwiesen galt. Ihering Geist des römischen Rechts Bd. 3 S. 92, Karlowa röm. Civilproceß S. 86 behaupten, daß der Richter, wenn Keiner der Streitenden vollen Beweis führte, beide sacramenta als injusta erklären müßte und daß der Besitz dem verblieb, welcher die Vindicien erhielt. Dies widerspricht durchaus der Darstellung des Gajus. Hiernach geben die Vindicien nur einen interimistischen Besitz. Auch kennt Gajus nur einen Sieger und einen Besiegten.

Der Richter mußte entweder den Vindikanten oder den Kontravindikanten als den Eigenthümer anerkennen; eine andere Alternative bestand für ihn nicht. Es ist dies nichts Unerhörtes. Das Ziel, welches der Richter zu erreichen hat, ist nicht die absolute Wahrheit, sein Spruch wirkt nur unter den Parteien. Deßhalb existiren im gewissen Sinne für seinen Spruch nur die Parteien. Man hat, wie dies unter solchen Verhältnissen geschieht, extreme Fälle ersonnen, welche darthun sollen, wie unmöglich es für den Richter gewesen sein müsse, jeder Zeit zu einem positiven Ergebniß bezüglich der Eigenthumsfrage zu gelangen. Wenn zwei Diebe über das Eigenthum der gestohlenen Sache stritten, sollte dann der Richter den Einen als den Eigenthümer anerkennen, trotzdem daß der Diebstahl offenkundig ist? Dergleichen kommt praktisch nicht vor. Jeder kolorirt vor dem Richter seine Ansprüche bestmöglichst; einen Schein des Rechts wird der Eine oder der Andere stets für sich gehabt haben. Richtig ist, daß mit der doppelseitigen Vindikation der strenge Eigenthumsbeweis, wie ihn die heutige Theorie fordert, unvereinbar ist. Das relativ bessere Recht mußte entscheiden. Auch dies ist nichts besonders Auffallendes. Selbst heutzutage ist der strenge Eigenthumsbeweis mehr Postulat der Theorie als Ergebniß der Praxis. Ueber die Eigenthumsfrage entschieden in Rom Geschworene; über Grundeigenthum urtheilte, dies nimmt man wenigstens in der Regel an, das große Volksgericht der Centumvirn. Hier entscheidet die moralische Ueberzeugung und diese wird durch das relativ bessere Recht bestimmt. Daß im Eigenthumsproceß, wenn dem Kläger der Eigenthumsbeweis nicht ganz vollständig gelingt, der Besitzer obsiegt und die vindicirte Sache behält, auch wenn er offenbar unrechtmäßiger Weise in den Besitz kam, leuchtet der naiven Anschauung keineswegs von selbst ein. Es bedarf juristischer Schulung und logischer

Abstraction, um sich von der Richtigkeit des Satzes zu überzeugen.

Mit dem Charakter der Vindikation als stricti juris actio kommt diese Auffassung nicht, wie man auf den ersten Blick vermeinen möchte, in Konflikt. Die Römer der alten Zeit haben nie den Versuch gemacht, den Beweis zu formalisiren. So strikt der Gang ihres Processes im Uebrigen war, der Beweis war frei, hier entschied die richterliche Ueberzeugung in souveräner Weise. Hierfür spricht die Analogie ihres Criminalprocesses, der einen strikten Gang innehält, bei dem das Gericht — Volksgericht sowie quaestiones publicae — schließlich nur die gestellte Frage entweder bejahen oder verneinen konnte und bei dem der Beweis dennoch auf freier Ueberzeugung beruhte.

Man darf auch nicht übersehen, daß die Gewinnung einer positiven Entscheidung über die Eigenthumsfrage im alten Rom durch die kurze Ersitzung von ein und zwei Jahren gewiß sehr erleichtert wurde. Es ist dies dann namentlich einleuchtend, wenn man annimmt, daß die Usukapion ursprünglich keinen Titel forderte. Die zwölf Tafeln kennen aber ein solches Requisit nicht und es ist daher schwer glaublich, daß es in älterer Zeit bestand.⁸

Resümiren wir die bisherigen Untersuchungen, so ergiebt sich, daß, solange die Sakramentsvindikation die alleinige Form der Eigenthumsklage war, für eine besondere possessorische Klage zum Schutz des allodialen Besitzes kein Raum war. Wer aus seinem Besitz verdrängt oder im Besitz gestört war, hatte zu vindiciren, und diese Vindikation genügte ihm; ein strenger Eigenthumsbeweis war nicht erfordert. Keinenfalls aber war, wie die herrschende

---

8) Wir schließen uns in dieser Hinsicht der Ausführung von Stintzing, bona fides und justus titulus, an.

Ansicht annimmt, die Einführung des Interdikts um deswillen erforderlich oder auch nur möglich, um durch Feststellung des Besitzers die Parteirollen im Eigenthumsstreit zu reguliren und die Beweislast zu vertheilen. Denn Vindikant und Kontravindikant standen sich in der Sakramentsvindikation gleich und eine Verschiedenheit in Bezug auf die Beweislast bestand nicht. Auch für die Ertheilung der Vindicien im Eigenthumsprocesse bedurfte es einer weitläufigen Ermittelung des Besitzers nicht; denn der Prätor gab diese Vindicien nach seinem Ermessen, ohne besonders den bisherigen Besitz zu bevorzugen.

§ 10.
Die einseitigen Vindikationen und die Besitzinterdikte.

Erst in Folge der Ausbildung der einseitigen Vindikation wurden possessorische Interdikte zur Regulirung der Besitzfrage unter Umständen Bedürfniß. Dies Bedürfniß trat aber auch jetzt nicht unmittelbar, sondern erst im Laufe der Entwicklung hervor, und wurde gebieterisch erst dann, als den Klägern die zweiseitige Vindikation vollständig verschlossen wurde.

Die ältere Weise der einseitigen Vindikation per sponsionem geschah bekanntlich derart,[1] daß der Kläger den Beklagten zur Sponsion provocirte: si homo quo de agitur ex jure Quiritium meus est, XXV nummos dare spondes? Aus dieser Sponsion klagte man mit der condictio certi auf die stipulirte Geldsumme. Der Richter konnte diese nur zusprechen, wenn Kläger sein Eigenthum am Streitobjekt erwies, seine Entscheidung über die 25 Pfennige war also präjudiciell für die Eigenthumsfrage. Es war eine

---

1) Vgl. Gaji Inst. 4 §. 93 ff.

zweite Stipulation pro praede litis vindiciarum abgeschlossen, vermöge deren sich der Beklagte unter Bürgschaftsleistung verpflichtete, Sache und Früchte herauszugeben, wenn er auf die mehrgedachten 25 Pfennige verurtheilt war. Kam er dem nicht nach, so wurde er aus dieser Stipulation auf Herausgabe der vindicirten Sache und der Früchte verklagt und verurtheilt.

Man kann nun vermuthen, daß das Verfahren ursprünglich Konventionalproceß war, also nur eintrat, wenn sich beide Theile über diese Klageform geeinigt hatten, um sich der Sakraments-vindikation mit ihrer Weitläufigkeit und ihrer Succumbenzstrafe zu entziehen. Jedenfalls hing es auch in der späteren republikanischen Zeit von dem Kläger ab, ob er mittels Sakraments und legis actio vorgehen, oder ob er per sponsionem klagen wollte.[2] Durch das letztere erkannte er eben selbstverständlich dem anderen Theil die Beklagtenrolle zu, er erkannte ihn als Besitzer an und übernahm hiernach die Beweislast. Wollte er dies nicht, so mochte er eben sacramento klagen. Ebenso stand es wohl ursprünglich mit der formula petitoria.

Vielleicht fällt von diesem Standpunkt aus ein Licht auf die deductio quae moribus fit aus der Ciceronischen Zeit.

Keller hat diese eigenthümliche Formalhandlung einer näheren Untersuchung unterzogen.[3] Sie bestand darin, daß die über ein Grundstück streitenden Parteien sich beide nach demselben begaben und daß sich vereinbarter Weise die eine Partei von der andern

---

2) Cicero in Verrem 1, 45, §. 115. Si quis testamento se heredem esse arbitraretur, lego .. ageret in hereditatem, aut pro praede litis vindiciarum cum satis accepisset, sponsionem faceret, ita de hereditate certaret.

3) Keller: über die deductio quae moribus fit und das interdictum uti possidetis in der Zeitschrift für geschichtliche Rechtswissenschaft Bd. 11 S. 287 ff.

vor Zeugen aus dem Grundstück hinausführen ließ. Keller hat nachgewiesen, daß diese Formalhandlung weder der Sakramentsvindikation noch, wie Andere annahmen, dem interdictum uti possidetis angehörte. Er hat sie mit Recht der Vindikation per sponsionem wie auch der formula petitoria zugewiesen. Er findet den Grund der Formalhandlung darin, daß sich die Römer nach der Gewohnheit der Sakramentsvindikation eine Vindikation füglich nicht anders denken konnten, als daß vorher Streithandlungen vorkamen. Diese vorzustellen, sei jene Deduktion bestimmt gewesen. Wir sind weit entfernt, die Richtigkeit dieser Auffassung zu bestreiten. Es mag aber hinzukommen, daß die Römer vor der einseitigen Vindikation eine offenkundige Manifestation verlangten, daß der Kläger den Beklagten als Besitzer anerkenne, so daß nunmehr die Parteirollen vereinbarter Weise feststanden, womit erst das Verfahren als vollständig vorbereitet gelten konnte.

Wie dem auch sei, die gesammte Situation wurde geändert, seit in Folge der lex Julia judiciaria der Legisactionenproceß auf die Fälle des Verfahrens vor den Centumvirn beschränkt wurde.⁴ Der Zuständigkeit der Centumvirn unterstanden jetzt sicher nur die Erbschaftsprocesse, nicht aber die Eigenthumsklagen.⁵ Die zweiseitige Vindikation behufs des Eigenthumsprocesses war also beseitigt. Den Parteien standen nur noch die einseitigen Vindikationen offen, bei denen der Nichtbesitzer Kläger und beweispflichtig, der Besitzer Beklagter und beweisfrei war. Nunmehr konnte es allerdings, wenn beide Theile den Besitz beanspruchten, nothwendig werden, zur Bestimmung der Parteirollen im Proceß die Frage, wer Be-

---

4) Gaji Inst. 4 §. 31.
5) Es ist dies allgemeine, auch wohlbegründete Meinung. Erbschafts= und Centumviralsache galten in der Kaiserzeit als identisch.

sitzer sei, vorher zu entscheiden. Jetzt griff man im Bedürfnißfall zu dem interdictum uti possidetis zu diesem Behuf.

Das interdictum uti possidetis war zum Schutz des Lehnbesitzes am Gemeinland nur noch in seltenen Fällen zu verwenden. Denn derselbe war unter den Stürmen der untergehenden Republik und des beginnenden Kaiserreichs zur minimalen Bedeutung herabgesunken und schließlich in Italien verschwunden.[6] Das Interdikt konnte aber in seiner allgemeinen Fassung sehr wohl auch zur Regulirung der Besitzfrage behufs Vorbereitung des Eigenthumsprocesses verwerthet werden. Für diesen Zweck hätte man es nimmermehr so ausgebildet, wie es gestaltet war; eine einfache Präjudicialklage, wer Besitzer sei, hätte bequemer und sicherer zum Ziel geführt. Derartiges fand sich nun aber im Edikt nicht. So griff man nach dem i. uti possidetis zur Aushülfe, als einem allgemein bekannten Rechtsmittel, welches der Hauptsache nach den Zwecken, die man erstrebte, genügen konnte. Man nahm seine Umständlichkeiten und Eigenthümlichkeiten mit in den Kauf, weil man nicht die Wahl hatte zwischen einem direkt der Regulirung der Parteirolle im Eigenthumsproceß angepaßten Rechtsmittel und einem weitläufigeren Wege, sondern zwischen dem letzteren und einer Lücke.

Von diesem Standpunkt aus sind nun, wie wir meinen, die Zeugnisse aus der Kaiserzeit, von Gajus und von Ulpian, über die Entwicklung des Instituts zu würdigen.

Gajus Institutionen 4 §. 148: retinendae possessionis causa solet interdictum reddi, cum ab utraque parte de proprietate

---

6) Einen ganz andern Charakter hatte die Occupation, von der Frontin de contr. ag. p. 56 berichtet: in Italia autem densitas possessorum multum improbe facit et lucos sacros occupat, quorum solum indubitate populi Romani est, etiam si in finibus coloniarum aut municipiorum. Aus solcher Occupation entstand keine justa possessio, ja nicht einmal possessio.

alicujus rei controversia est et ante quaeritur, uter ex litigatoribus possidere et uter petere debeat: cujus rei gratia conparata sunt uti possidetis et utrubi.

Als Gajus diese Worte niederschrieb, gab es seit langem keinen Lehnbesitz mehr am Gemeinland in Italien; die letzten Reste hatte Domitian etwa achtzig Jahre früher den Possessoren als Privateigenthum überlassen.[7] Bei der Besprechung der Interdikte und ihres processualischen Ganges kam nun Gajus zu den interdicta retinendae possessionis und theilte mit, sie würden in der Praxis vorzugsweise dazu benutzt, um vor Anstellung der Vindikationen in Streitfällen die Frage des Besitzes und die Parteirolle in der Eigenthumsklage festzustellen. Zu diesen Zwecken, fährt er fort, seien die interdicta uti possidetis und utrubi bereitet. Es ist beachtenswerth, daß zuerst hervorgehoben wird, die Interdikte dienten in der Praxis zur Regulirung der Parteirollen im Eigenthumsproceß, und daß dann erst zugefügt wird, deswegen seien sie aufgestellt. Man hätte den umgekehrten Gedankengang erwarten sollen, sie seien zu jenem Zweck aufgestellt und würden auch zu demselben gebraucht, wenn man nicht von der letzteren Notiz ganz absehen wollte, da die Anwendung von Rechtsmitteln zu den Zwecken, zu welchen sie aufgestellt sind, sich in der Regel von selbst ergiebt. Derartiges hat auch Justinian gedacht. Daher modelte er die Stelle in §. 4 I. de interdictis 4, 15 derart um, daß er sie einfach sagen läßt, die Interdikte seien zum Zweck der Regulirung der Parteirollen im Eigenthumsproceß aufgestellt.

---

7) Siehe die Stellen bei Rein in Pauly's Realencyclopädie v. publicus ager S. 271. Der Provinzialboden in den Provinzen war im Grunde in demselben Verhältniß, wie der ager publicus. Doch konsolidirte sich die Stellung der Besitzer etwa seit Anfang der Kaiserzeit durch Einführung einer rei vindicatio utilis; Frontinus de controv. agr. pag. 36, 8.

Offenbar dachte man, sich damit klarer und bestimmter zu fassen, als Gajus, aber der Wahrheit kam man dadurch nicht näher. Denn man gab der Stelle durch die Aenderung eine neue, von der ursprünglichen sehr verschiedene Färbung. Gajus kam es darauf an, die praktische Verwerthung der Rechtsmittel zu seiner Zeit zu schildern. Er rechtfertigt sie dadurch, daß er bemerkt, sie sind hierzu bereitet; daß dies ihr ursprünglicher Zweck war, geht aus seinen Worten nicht mit Bestimmtheit hervor.

Den Aeußerungen von Gajus tritt zur Seite die viel besprochene Erörterung von Ulpian in l. 1 §. 2, 3. D. uti possidetis 43, 17: hujus autem interdicti proponendi causa haec fuit, quod separata esse debet possessio a proprietate: fieri etenim potest, ut alter possessor sit, dominus non sit, alter dominus quidem sit, possessor vero non sit: fieri potest, ut et possessor idem et dominus sit. Inter litigatores ergo quotiens est proprietatis controversia, aut convenit inter litigatores, uter possessor sit, uter petitor, aut non convenit. Si convenit, absolutum est; ille possessoris commodo, quem convenit possidere, ille petitoris onere fungetur, sed si inter ipsos contendatur, uter possideat, quia alteruter se magis possidere adfirmat, tunc si res soli sit, in cujus possessione contenditur, ad hoc interdictum remittentur.

So ganz bestimmt, wie man dies meist findet, ist in dieser Stelle nicht ausgesprochen, daß der historische Grund der Aufstellung des interdictum uti possidetis in der Regulirung der Parteirollen für den Eigenthumsproceß liegt. Der Grund, welchen Ulpian angiebt, ist vielmehr höchst farblos. Das Interdikt sei aufgestellt worden, weil Besitz und Eigenthum etwas Verschiedenes sein müsse. Aehnliche, nicht eben tiefgehende Redewendungen finden sich in den Ediktskommentaren Ulpians sehr häufig. Erst im Anschluß an jene Bemerkungen wird weiter ausgeführt, daß man das Interdikt in Streitfällen zur Regulirung der Parteirollen im Eigenthumsprocesse benutze. Es ist nicht gesagt, daß hierin der historische Grund für die Einführung des Interdikts zu sehen sei. Aber sei es; die klassischen Juristen seit Gajus sahen in der Regulirung der Parteirollen den Grund der Aufstellung des Interdikts. Dann frägt sich noch immer, für welchen Interdiktsverfasser. Da ist nun entschieden zu leugnen, daß sie über das Hadrianische Edikt und die Gedanken, welche bei dessen Abfassung obwalteten, hinausgingen. Als Dogmatiker, was sie ja waren, lagen ihnen rein historische Erörterungen über die Zwecke der Einführung der ältesten Edikte sehr fern. Sie hielten sich an das Edikt, welches zu ihrer Zeit Gesetz des Landes war.

Allem Anschein nach wäre es auch den römischen Juristen der Kaiserzeit kaum möglich gewesen über die Gründe, welche die Edikte der republikanischen Zeit bestimmten, authentische Auskunft zu geben. Den Edikten waren schriftliche Motive nicht beigegeben. Ansprachen, welche die Prätoren in den früheren Zeiten der Republik zur Rechtfertigung ihrer Edikte etwa hielten, wurden schwerlich aufgezeichnet; es deutet nichts darauf hin, daß sie sich in spätere Jahrhunderte hinein erhielten. Die Ediktskommentare, welche derartige Notizen hätten enthalten können, waren späten Datums, kurz und zunächst dogmatischen Inhalts. —

Aus diesem Allen ergiebt sich, daß die Zeugnisse von Gajus und Ulpian wohl für die Kenntniß des Rechts ihrer Zeit von Wichtigkeit sind, daß sie aber nicht bestimmt genug lauten, um die Annahme zu begründen, daß das, was damals Zweck der Interdikte war, nämlich Regulirung der Parteirolle im Eigenthumsproceß ursprünglich und zu allen Zeiten ihr Zweck war. Und zweifelsohne bildete diese Regulirung auch in der Kaiserzeit nicht ihren einzigen Zweck, wenn ihn auch die Juristen als besonders wichtig hervorheben. Sie dienten nicht weniger zum Schutz gegen Störungen und zur Wiederherstellung des Besitzes im Fall vitiöser Entsetzung. Beispielsweise konnten sie für den Pfandgläubiger, dem diese Interdikte auch zustanden, kaum einen andern Nutzen haben, als diesen.

§ 11.
Das interdictum utrubi.

Wir haben bisher das interdictum utrubi nicht ins Auge gefaßt, welches wegen Mobilien gegeben wird und von den Juristen der Kaiserzeit systematisch mit dem interdictum uti possidetis als interdictum retinendae possessionis zusammengestellt wird.

Manche Schriftsteller nehmen an, daß beide Interdikte von jeher in engstem Zusammenhange gestanden hätten. Ja, man hat die Behauptung aufgestellt, daß, da das interdictum utrubi nichts mit den agrarischen Possessionen zu thun haben konnte, das Gleiche auch für das interdictum uti possidetis gelten müsse.[1] Eine gewisse Verwandtschaft in der Gestaltung der beiden Interdikte ist allerdings unverkennbar. Es gehört hierher namentlich die Duplicität und die Aufnahme der exceptio vitiosae possessionis in die Interdiktsworte. Aber offenbar bestehen auch sehr große Verschiedenheiten, es ist nicht bloß das Anwendungsgebiet ein anderes, da das interdictum uti possidetis für Grundstücke, das interdictum utrubi für Mobilien bestimmt ist, auch die juristischen Voraussetzungen beider Interdikte sind höchst verschiedene. Das interdictum uti possidetis gründet sich auf possessio, und zwar auf gegenwärtigen Besitz, das interdictum utrubi nur auf das

---

1) Belker a. a. O. S. 97.

Befinden der Sache bei einer der Proceßparteien und zwar die verhältnißmäßig längere Zeit im letzten Jahre.

Die Formel des Interdikts lautete folgender Gestalt: utrubi hic homo q. d. a. majore parte hujusce anni nec vi nec clam nec precario ab altero fuit, quominus is eum ducat vim fieri veto.²

Das interdictum bildet im Grunde ein großes, historisches Fragezeichen. Es ist unwahrscheinlich, daß es gelingen wird, das Dunkel, welches über seinen ursprünglichen Zwecken liegt, jemals vollständig zu heben. Das aber wird sich negativ zeigen lassen, daß das Interdikt nicht füglich zu dem Zweck ersonnen sein kann, um die Parteirollen in dem Eigenthumsproceß über Mobilien zu reguliren.

Der thatsächliche Besitz bei Mobilien im Moment der Erhebung einer Eigenthumsklage ist, sofern sich die Sache überhaupt nur vorfindet, selten zweifelhaft. Ein eigenes, künstliches Rechtsmittel zu diesem Zweck aufzustellen, würde daher kaum Bedürfniß sein. Es können indessen Fälle sich ereignen, in denen der Besitz doch bestritten ist, jeder Theil ihn in Anspruch nimmt und jeder Theil dem andern die schwierige Rolle des Klägers und die Beweislast zuschieben will. Namentlich ist dies bezüglich des Besitzes von Sklaven nach römischem Recht möglich. Dann wird man vor Anstellung der einseitigen Vindikation den gegenwärtigen Besitz ermitteln müssen. Wie soll man jedoch dazu gekommen sein, statt einfach die Frage zu erledigen, wer jetzt Besitzer ist, behufs Regulirung der Parteirollen zu untersuchen, wer die längere Zeit im letzten Jahre besaß. Dies läßt sich häufig erst durch weitläufige

---

2) So restituirt Lenel, edictum perpetuum tit. 43 §. 264, nach l. un pr. D. h. t. 43, 31, Gaji Inst. 4 §. 160, §. 150.

Zeugenaussagen darthun. Die Verwicklung wird noch größer dadurch, daß auch die exceptio vitiosae possessionis hereinzuziehen ist. Während ohne das Interdikt der gegenwärtige Besitz über die Parteirolle entschieden hätte und man sofort, sofern derselbe notorisch war, zum Eigenthumsstreit hätte übergehen können, verliert der gegenwärtige Besitz gerade durch das Interdikt seinen Werth, er muß sich erst durch die längere Zeit ausweisen und ist der Anfechtung der Vitiosität ausgesetzt. Nach dem Allen läßt sich nicht annehmen, daß der Prätor das interdictum utrubi eingeführt habe, um den Beklagten im Eigenthumsproceß festzustellen.

Bruns charakterisirt das interdictum utrubi als absolute Vindikation aus längerem Besitz des letzten Jahres,³ und dies bezeichnet in der That das Wesen des Interdikts vollständig und zutreffend. Es ist eine Vindikation im Sinne des alten Rechtes, mit ihrer Zweiseitigkeit, mit ihrer Vermischung der petitorischen und possessorischen Elemente. Es bildet eine Vindikation, die, wie die alte Sakramentsvindikation, ebenso zusteht dem jetzigen Nichtbesitzer, welcher sich den Besitz verschaffen will, als dem jetzigen Besitzer, welcher grundloser Anmaßung und Gefährdung seines Besitzes entgegentritt.⁴ Allerdings gründet sich diese Vindikation

---

3) Bruns Besitzklagen S. 171. „Das Interdikt ging über jede Besitzklage, die wir sonst kennen, selbst über die mittelalterliche Klage aus dem can. Redintagranda noch hinaus und war vollständig eine absolute Vindikation aus dem relativ längeren Besitz."

4) Bruns a. a. O. S. 170 bemerkt: „Das Interdikt kann seinem thatsächlichen Zweck nach ebensogut auf Retention als auf Recuperation gerichtet sein. Früher bezweifelte man das Letztere, heutzutage das Erstere." „Aber", fährt er fort, „ducere bedeutet allgemein das „jus ductionis" d. h. das Recht, Jemanden mit sich zu nehmen, von wo es auch sei, namentlich aber vom Gericht fort. Demnach ist das ducat beim utrubi auch dann möglich, wenn der gegenwärtige Besitzer selber den Sklaven ins Gericht bringt, um durch das Interdikt einen

nicht auf ein Recht im eigentlichen Sinne, ebensowenig wie auf bloßen Besitz. Sie beruht auf längerem Besitz im letzten Jahre, der hiernach in eigenthümlicher Weise eine relative Berechtigung erzeugt.

Dies ist, was wir vom interdictum utrubi wissen, und, was wir solcher Gestalt wissen, steht in keiner Weise im Widerspruch zu den Resultaten, welche sich uns für das interdictum uti possidetis ergaben. Fragen wir im Uebrigen, wie kamen die Römer zu der eigenthümlichen Vindikation des interdictum utrubi, so ergiebt sich eben, daß wir einem Räthsel gegenüber stehen. Wir können vermuthen, daß es seiner Zeit eingeführt wurde, um den Peregrinen in Rom, welchen eine eigentliche Vindikation ihrer Mobilien nicht zustand, eine Art von Vindikation zu geben. Sie konnten, sofern sie ihre Mobiliarhabe aus dem Auslande mitgebracht hatten, einen Erwerbstitel bezüglich derselben selten nachweisen, - der längere Besitz im letzten Jahr wäre hiernach dazu bestimmt gewesen, die Präsumption eines Rechts für sie zu bilden. Beweisbar ist eine solche Vermuthung nicht. Es handelt sich um Möglichkeiten, deren Hervorhebung unschädlich sein dürfte, da wir weitere Schlüsse auf dieselben nicht bauen.

§ 12.

Die Entwicklung der Besitzlehre in der Kaiserzeit.

Die Aufgabe der römischen Juristen in der Kaiserzeit war, aus mannichfachen Elementen eine einheitliche und wiederum gegliederte Besitzlehre zu konstruiren und dieselbe dogmatisch insbesondere für die Bedürfnisse der Praxis auszubauen.

Schutz gegen die Ansprüche und etwaigen Entziehungsversuche des Gegners zu erlangen."

Der Besitz war für das alte römische Civilrecht vorzugsweise insoweit hervorgetreten und wichtig gewesen, als er zur Usukapion führte. Solcher Besitz, welcher nur bei Gütern vorkam, die des quiritischen Eigenthums fähig waren, führte nicht den Namen possessio, sondern wurde als usus bezeichnet. Es spricht sich hierin dieselbe naive Anschauung aus, wie sie sich im älteren deutschen Rechte findet. Die Gewehre des deutschen Rechts, bemerkt Heusler, ist der in der Nutzung des Guts sich manifestirende Besitz, sie äußert sich in der Nutzung, kommt durch sie zur Erscheinung, wird also nicht als vorhanden angesehen, wo die Nutzung fehlt.[1] Es ist charakteristisch, daß die Römer, als sie zuerst possessio, welche nicht Allodialbesitz war, zu definiren anfingen, sie allgemein als usus fundi charakterisirten.[2] Es ist sicher, daß ältere Rechtssätze, welche sich mit Rücksicht auf Ersitzungsbesitz zur Zeit der römischen Republik ausgebildet hatten, im erheblichen Maße in die allgemeine Besitztheorie der Kaiserzeit übergingen. Einer der bekanntesten der hierher gehörigen Rechtssätze ist der: nemo sibi ipse causam possessionis mutare potest.[3]

Es ist aber nicht minder anzunehmen, daß einen wesentlichen Bestandtheil der allgemeinen Besitztheorie der römischen Kaiserzeit solche Rechtssätze bildeten, welche sich bei den alten Possessionen am Gemeinland ausgebildet hatten. An solchen Rechtssätzen in

---

1) Heusler die Gewehre 1872 S. 50 ff.
2) So Festus in der mehrfach citirten Stelle oben S. 29, Javolenus in der l. 115 D. de V. S. 50, 16. Die Ausführung von Gajus über den Rechtszustand der Provinzialgrundstücke ist eine Erweiterung der alten Definition; Inst. 2 §. 7: in eo solo dominium populi Romani est vel Caesaris, nos autem possessionem tantum vel usumfructum habere videmus. In der älteren Zeit wird man von usus gesprochen haben.
3) l. 3 §. 19 D. de a vel o. p. 41, 2, l. 33 §. 1 D. de usurp. 41, 3, l. 2 §. 1 D. pro herede 41, 5.

Bezug auf den Erwerb und den Verlust der Possession, über ihre Geltendmachung konnte es zur Zeit der Republik nicht gefehlt haben, da ja, wie schon früher hervorgehoben wurde, die Possessionen am Gemeinland einen vorzüglich erheblichen Vermögensbestandtheil bildeten, der wegen seines prekären Charakters ganz besonders Gegenstand des Streites, damit aber auch der praktischen und wissenschaftlichen Erörterung werden mußte. Indem die Hauptrechtsmittel des Lehnbesitzes auf den Allobialbesitz übertragen wurden, mußte es sich von selbst ergeben, daß zahlreiche Rechtssätze mit herübergenommen wurden zur Bildung einer allgemeinen Besitztheorie. Hierauf deutet schon hin, daß nunmehr der Ausdruck possessio, der einst vorzugsweise den Lehnbesitz bestimmte, eine immer allgemeinere Bedeutung für den Besitz gewann.

Es wäre eine interessante Aufgabe, die Besitzlehre im Einzelnen durchzugehen und zu untersuchen, welchem der bezeichneten Elemente die einzelnen wichtigeren Rechtssätze derselben angehören. Freilich wäre diese Aufgabe auch eine schwierige. Man würde, wie zuzugestehen ist, vielfach nicht weiter als zu Hypothesen kommen können⁴ und häufig wäre die Lösung eine aussichtslose. Im Fol-

---

4) Wir beschränken uns auf folgende Andeutungen. Ein uralter Satz des Lehnbesitzes war, daß er nur dem homo sui juris zustehen konnte, wie sich aus der oben besprochenen Emancipation des Sohnes des Licinius Stolo ergiebt. Es lag dies in seiner Eigenschaft als wichtiges Vermögensobjekt begründet. Diese Besitzunfähigkeit der Gewaltuntergebenen gilt noch in der klassischen Zeit und ist ein allgemeines Dogma der Besitztheorie l. 49 §. 1 D. de a. vel o. p. 41, 2, l. 38 §. 7, 8 D. de V. O. 45, 1. Ebenso erklärt sich aus der Lehre des alten Lehnbesitzes, daß es an res extra commercium keinen Besitz und keinen Besitzesschutz giebt l. 30 §. 1 D. h. t. 41, 2. Die Unvererblichkeit des Besitzes steht nach unsrer Ansicht gleichfalls in sehr naher Beziehung zur Unvererblichkeit des Lehnbesitzes und des Precariums. Zwar müssen wir zugeben, daß diese Ansicht nichts als Hypothese ist, vergl. oben S. 8 Anm. 8. Aber beachtenswerth bleibt doch,

genden soll nur ein grundlegender Punkt in das Auge gefaßt
werden, für dessen Behandlung die bisher geführte Untersuchung,
unseres Erachtens nach, von ausschlaggebender Bedeutung ist,
nämlich der Begriff des juristischen Besitzes, der possessio im
eigentlichen Sinne.

§ 13.
Der juristische Besitz und die Theorie Savigny's.

Die Grundlage der Besitztheorie der römischen, klassischen
Juristen lag in der Unterscheidung der possessio im eigentlichen
Sinn, des sogenannten juristischen Besitzes und des bloßen in possessione esse, der Detention der Neueren. Die Possessio galt
als ein einheitliches Institut (unum genus est possidendi) mit
unendlich vielen Unterarten je nach der causa des Besitzerwerbs.[1]
Die scharfe Unterscheidung von juristischem Besitz und bloßer
Detention gehört erst der Kaiserzeit oder den letzten republikanischen Juristen an. Quintus Mucius Scävola kannte sie offen-

---

daß der Erbe bezüglich der Usucapion fortbesitzt, bezüglich der Interdikte nicht.
Aehnlich besitzt der Verpfänder bezüglich der Usucapion, der Pfandgläubiger bezüglich der Interdikte und in anderer Beziehung. Die verschiedenen Elemente, aus
denen sich die spätere Besitztheorie zusammensetzt, scheinen hier noch ziemlich deut-
lich erkennbar zu sein. Die Auffassung, daß der Besitz, „plurimum facti habet"
l. 19 D. ex q. causis maj. 4, 6, dennoch aber „plurimum ex jure mutuatur"
l. 49 pr., §. 1 D. do a. vel o. p. 41, 2, an welcher Besser so sehr Anstoß nimmt,
erscheint uns auch als eine traditionelle, die sich beim Lehnbesitz, der dem Civilrecht fremd war, aber in gewissem Sinn einen Rechtscharakter annahm, fast
von selbst entwickeln mußte. Wenn wir sie aber auch als Produkt der geschicht-
lichen Entwicklung des Besitzes ansehen, so können wir sie doch nicht als
schlechthin irrationell erachten. Sie nimmt die zwei Seiten, die der juristische
Besitz hat, einfach und unbefangen hin, wie dies die allgemeine Art der
römischen Juristen war.

1) l. 3 §. 21 D. h. t. 41, 2.

bar noch nicht ober betrachtete sie wenigstens noch nicht als maßgebend, worüber freilich Paulus die schärfste Verurtheilung ausspricht, l. 3 §. 23 D. de a. vel o. poss. 41, 2:

quod autem Quintus Mucius inter genera possessionum posuit, si quando jussu magistratus rei servandae causa possidemus, ineptissimum est: nam qui creditorem rei servandae causa vel quia damni infecti non caveatur, mittit in possessionem, vel ventris nomine, non possessionem sed custodiam rerum et observationem concedit.

Dem Juristen Pegasus war der Gegensatz von possidere und in possessione esse schon völlig geläufig." Ebenso betont ihn Pomponius.³ Ulpian fügt der Bemerkung des Letzteren hinzu: est autem longe diversum: aliud est enim possidere, longe aliud in possessione esse. denique rei servandae causa, legatorum, damni infecti non possident, sed sunt in possessione custodiae causa. Es ist nicht gerade neue Weisheit, die hier Ulpian verkündet, aber es schien doch besonders erforderlich, den Gegensatz scharf hervorzuheben, vielleicht weil er in den älteren Schriften, die noch immer nicht ganz außer Gebrauch waren, nicht beachtet war.

Was ist denn nun dieser juristische Besitz, welcher die Grundlage der römischen Besitztheorie in der klassischen Zeit bildet? Die herrschende Meinung ist noch immer die von Savigny, die sich allen Angriffen zum Trotz siegreich behauptet.

Savigny denkt sich unter dem Besitz einer Sache im Allgemeinen den Zustand, in welchem nicht nur die eigne Einwirkung

---

2) l. 9 D. de R. V. 6, 1.
3) l. 10 §. 1 D. h. t. 41, 2.

auf dieselbe möglich ist, sondern auch jede fremde Einwirkung verhindert werden kann." Dieses Verhältniß als solches nennt er Detention. Es bilde den faktischen Zustand, welcher dem Eigenthum als solchen korrespondire. Damit diese Detention zum juristischen Besitz werde, müsse der animus possidendi h. h. die Absicht, das Eigenthum, und zwar für sich, auszuüben, hinzutreten. Nur der könne als Besitzer gelten, welcher die Sache als Eigenthümer behandle, d. h. sie faktisch ebenso behandeln wolle, wie ein Eigenthümer kraft seines Rechts zu thun befugt ist, also insbesondere ohne einen andern besser Berechtigten über sich anerkennen zu wollen. Nicht nothwendig sei hingegen die Ueberzeugung, daß man wirklich Eigenthümer sei (die opinio oder cogitatio dominii). Darum käme der Begriff des Besitzes dem Räuber und Dieb ebenso gut zu als dem Eigenthümer selbst, und jene seien ganz in derselben Weise wie dieser dem Pächter entgegengesetzt, welcher keinen Besitz habe, weil er die Sache nicht als eigene behandelt.

An dieser Auffassung ist jedenfalls richtig, daß nach römischem Rechte auch der Räuber und Dieb und überhaupt, wer weiß, daß er kein Recht zum Besitz habe, besitzt, weshalb Paulus geradezu den Besitz in zwei Arten zu zerlegen versucht, in Besitz mit und ohne bona fides." Andererseits steht nicht weniger fest, daß Miether, Pächter und Nießbraucher die Sache nicht besitzen.

L. 6 § 2 D. de precario 43, 26 ..... et fructuarius .. et colonus et inquilinus sunt in praedio et tamen non possident.

---

4) Savigny Besitz, sechste Auflage S. 2 ff.
5) L. 3 §. 22 D. h. t. 41, 2.

Diesen beiden Thatsachen entspricht die Theorie von Savigny vortrefflich. Sie hat aber auch, davon abgesehen, guten inneren Zusammenhang und Folgerichtigkeit.

Nun giebt es jedoch zahlreiche Fälle, in welchen die römischen Juristen ohne jedes Arg juristischen Besitz annehmen, obgleich von einem animus domini nicht die Rede sein kann, obgleich diese Besitzer zweifelsohne einen Berechtigten über sich anerkennen.

Hierher gehört vor allen Dingen der Precarist. Er hat in der Regel juristischen Besitz. Ulpian scheint der Savignyschen Theorie mahnend entgegenzutreten, wenn er ausspricht:

l. 4 § 1 D. de precario 43, 26: meminisse autem nos oportet eum, qui precario habet, etiam possidere.

Allerdings ließ man in der Kaiserzeit die Erbittung eines precarium in Verbindung mit einer Miethe auch in dem Sinne zu, daß man bloß in possessione sei, nicht aber besitze. Aber dies ist offenbar späte Neuerung; es ist ein Versuch des Pomponius, dieser Konstruktion den Weg zu ebnen, der belobt wird; es ist etwas vom Gebräuchlichen und Herkömmlichen ganz Abweichendes.[6]

Wie der Precarist, so hat der Pfandgläubiger juristischen Besitz, bei welchem ebensowenig von einem animus domini die Rede sein kann.

L. 16 de usurpationibus 41, 3: qui pignori dedit, ad usucapionem tantum possidet: quod ad reliquas omnes causas pertinet, qui accepit, possidet.

---

(6) l. 10 §. 1 cit. D. h. t. 41, 2. Mit Recht sagt Windscheid Bd. 1 §. 154 Anm. 4: „Nach meiner Meinung enthält es einen Widerspruch zu sagen, daß der Empfänger des Precarium die Sache wie eine eigene und zugleich, daß er sie als eine dem Geber auf dessen Verlangen herauszugebende haben wolle." Wie man sich um diesen Widerspruch herumwindet, darüber siehe Bekker a. a. O. S. 175 ff.

Selbst der Sequester besitzt,[7] nicht weniger der Emphy=
teuta; ob auch andere Personen, z. B. der Superficiar juristischen
Besitz hatten, mag hier dahingestellt bleiben.

Savigny hat alle diese Fälle als anomale aufgefaßt. Er spricht
hier vom abgeleiteten Besitz. Brinz zieht den Ausdruck „anver=
trauter Besitz" vor.[8] Singulärer Weise soll hier der Besitzer sein

---

7) Was das Verhältniß des Sequesters anlangt, so komme ich zum Re=
sultat, daß er stets juristischen Besitz hat und nicht, wie man meist annimmt,
bloß nach besonderer Parteiverabredung. Diese bezieht sich vielmehr nur darauf,
ob dieser Besitz dem Deponenten zur Usucapion angerechnet wird, oder ob der=
selbe, was aber ausdrücklich vereinbart sein muß, auf diese Einrechnung ver=
zichtet. Die l. 39 D. de a. vel o. p. 41, 2 von Julian nimmt unter beiden
Unterstellungen possessio, also juristischen Besitz an: Interesse puto qua mente
apud sequestrum deponitur res: nam si omittendae possessionis causa et
hoc aperto fuerit approbatum, ad usucapionem possessio eius partibus non
procederet: at si custodiae causa deponatur, ad usucapionem eam possessionem victori procedere constat. Hiermit stimmt l. 17 §. 1 D. depositi 16, 3
überein, die im Anfang klar ist, des Weiteren allerdings verderbt oder verkürzt
scheint. Rei depositae proprietas apud deponentem manet: sed et possessio nisi apud sequestrem deposita est: nam tum demum sequester possidet
(zu erklären: denn dann nur besitzt der Depositar, wenn er Sequester ist), id
enim agitur ea depositione, ut neutrius possessioni id tempus procedat
(dies scheint ein Bruchstück einer Erörterung darüber, ob der Deponent die Er=
sitzung der sequestrirten Sache fortsetzt). Jedenfalls giebt diese Erklärung, wie
uns scheint, ein rationelleres Resultat, als wenn man annimmt, es hange von
der besonderen Vereinbarung ab, ob der Sequester besitze oder nicht.

8) Die Savignysche Theorie, wonach in den Fällen des s. g. abgeleiteten
Besitzes eine Uebertragung des dem Koncedenten an sich zustehenden Besitzrechtes
stattfindet, ist noch immer die herrschende. Ihr huldigten u. A. Puchta Pand.
§. 125, Keller Pandektenvorlesung §. 118, Bangerow Bd. 1 §. 200 Anm. 1,
Arndts Pand. §. 135, Bruns Recht des Besitzes §. 2, Brinz Pand. 2. Aufl.
Bd. 1 S. 517. Modificirt ist sie bei Wächter Pandektenvorlesung Bd. 2 S. 32
und Windscheid Bd. 1 §. 149 Anm. 7, Randa, Besitz §. 24. Nach Windscheid
gehört zwar zum Besitz „derjenige Wille, wie ihn der Eigenthümer haben darf."
Jedoch soll kraft positiver Rechtsbestimmung aus verschiedenen Gründen ein Besitz=
vortheil gewährt werden, auch ohne ein dazu der Regel nach nothwendiges Er=
forderniß. Werde dies nun so ausgedrückt, es sei auch in diesen Fällen Besitz

jus possessionis auf einen andern übertragen; der Besitz der genannten Personen bestehe ohne eigenen animus domini.

Es ist sehr begreiflich, daß nicht Alle sich hierbei beruhigten. Der juristische Besitz wird von Savigny nach inneren, begrifflichen Merkmalen bestimmt; trotzdem wird hinterher das Besitz genannt, wenn auch abgeleiteter, was dieser begrifflichen Merkmale entbehrt. Das Wesentliche soll sein der animus domini b. h. die Absicht, sich wie ein Eigenthümer zu betragen, keinen Berechtigten über sich anzuerkennen, schließlich aber findet sich eine ganze Reihe von Besitzern, die diese Absicht durchaus nicht haben. Der Besitz wird durchweg principiell aufgefaßt, als ein Zustand, der in der eigenen That und in dem eigenen Willen des Besitzers wurzelt; plötzlich erscheint eine Anzahl von Besitzern, deren Besitz sich von dem Willen eines andern herleitet, und dabei findet sich nirgends eine Spur in den Quellen davon, daß der Besitz des Precaristen oder des Pfandgläubigers, des Sequesters oder Emphyteuta etwas singuläres oder anomales sei; ihr Besitz wird ebenso als selbstverständlich hingenommen, wie derjenige des Eigenthumsbesitzers.

Sind unsere historischen Resultate richtig, die ja Savigny selbst im Anschluß an die Ausführungen von Niebuhr für begründet erklärte, so ist der Besitz des Precaristen gerade der am frühesten anerkannte; denn die possessio am Gemeinland war eben nichts als ein besonders geartetes precarium. Den Ausgangs-

---

vorhanden, so heiße dies, jenes Erforderniß werde als vorhanden angenommen, obgleich es nicht vorhanden sei. — Diese Auffassung verzichtet auf eine Erklärung der von ihr unterstellten Anomalie; sie verzichtet aber namentlich auch auf die Erklärung, woher es kommt, daß die Römer weder die angebliche Anomalie, noch die angebliche Fiktion jemals bemerkten, insbesondre den Precaristen nicht weniger als den Eigenthumsbesitzer als Besitzer bezeichnen.

Dernburg, juristischer Besitz.

punkt des Instituts der possessio bildet also ein Besitz ohne animus domini.

Die Widerlegung der Savignyschen Theorie ging bisher durchweg dialektisch zu Werk, man suchte einen Besitzwillen zu definiren, weit genug, um alle die verschiedenen Species des juristischen Besitzes in sich zu begreifen, welche die römischen Quellen anführen, und eng genug, um alle diejenigen Fälle auszuschließen, in welchen die Römer einen Besitz nicht anerkannten, insbesondere die Innehabung der Miether, Pächter, Nießbraucher.[9] Diese Versuche konnten jedoch nicht gelingen und würden besten Falls auch nur ein dialektisches Kunstprodukt herstellen. Die Lösung ist auf anderem Wege zu suchen.

§ 14.
Die Bedeutung des juristischen Besitzes.

Possessio hat im Sinne der römischen Juristen, wer die possessorischen Rechtsmittel, also namentlich das interdictum uti possidetis oder auch utrubi geltend machen kann.[1]

Dies deutet an Pegasus in der bekannten L. 9 D. de rei vindicatione 6, 1: . . . . quidam tamen ut Pegasus eam solam possessionem putaverunt hanc actionem complecti, quae locum habet in interdicto uti possidetis vel utrubi. Denique ait ab eo, apud quem deposita est vel commodata vel qui conduxerit aut qui legatorum servandorum causa vel dotis ventrisve

---

9) Vgl. u. A. auch Dernburg Pfandrecht Bd. 2 S. 62 ff.

1) So auch Pernice in der Anzeige von Meischeiber, Zeitschrift für Handelsrecht Bd. 22 S. 423 „der römische Gedanke ist, daß der Besitz gerade im Interdiktenschutz besteht und aufgeht. Es ist daneben nicht ein irgendwie qualificirbares Etwas vorhanden."

nomine in possessione esset vel cui damni infecti nomine non cavebatur, quia hi omnes non possident, vindicari non posse. Es wird die Paſſivlegitimation in der Vindikation beſprochen und die Frage erörtert, ob nur die juriſtiſchen Beſitzer oder auch bloße Detentoren belangt werden könnten. Der juriſtiſche Beſitz, die possessio, wird hierbei in eine Linie geſtellt mit dem Beſitz im interdictum uti possidetis und utrubi. Er iſt mit ihm zu identificiren.

Dies iſt nichts Auffallendes, denn das interdictum uti possidetis, auf welches es hierbei vorzugsweiſe ankommen mußte, ſetzt nach ſeinem Wortlaut possessio voraus. Wer dieſe possessio habe, zu der Interdiktsklage alſo berechtigt ſei, dies hatten die Römer nicht zu entnehmen aus gewiſſen abſtrakten Beſtimmungen. Es bildete ihnen eine feſtgegebene, hiſtoriſche Thatſache. Dieſelbe war das Produkt einer vielhundertjährigen Entwicklung, beruhte aber auch auf ganz beſtimmten wirthſchaftlichen und ſocialen Bedürfniſſen.

So erklärt ſich denn, daß juriſtiſchen Beſitz ebenſowohl hat der Precariſt, der Pfandgläubiger, wie der Eigenthumsbeſitzer. Sie alle haben das interdictum uti possidetis. Wenn ſie aber gleicher Weiſe im Sinne der römiſchen Terminologie beſitzen, ſo verſteht es ſich doch anderſeits von ſelbſt, daß der begriffliche Unterſchied dieſer verſchiedenen Arten des Beſitzes damit nicht verwiſcht werden kann, weil er in der Natur der Sache liegt und deshalb ganz unabhängig von dem Umſtande iſt, ob ihn die Römer betonten oder hervorhoben. Es ergiebt ſich weiter, daß der animus possidendi, welchen die Römer zum Beſitzerwerb forderten,[2] nicht allgemein

---

2) Die Lehre vom animus possidendi dürfte nicht allzu alten Datums ſein. In der früheren Zeit beſtimmte ſich die Frage, ob Jemand beſitze, nach

und abstrakt definirt werden kann, wie dies ja auch von den
Römern in der That niemals geschehen ist. Wer die Sache als
eigene beherrschen und jeden Andern ausschließen will, also auf
den Eigenthumsbesitz abzielt, dessen animus possidendi ist in der
That so beschaffen, daß die Savignysche Bezeichnung als animus
domini auf ihn zutrifft. Wer aber als Precarist in der Sache
ist und sie so für sich beherrschen will, der hat nur die Absicht,
ein precarium zu besitzen, wie der Pfandgläubiger nur ein Pfand
besitzen will. Auch dieser animus possidendi genügt zum juristischen Besitz, zur possessio im römischen Sinn.[3]

Warum aber hat der Miether und Pächter keinen juristischen
Besitz? warum genügt ihre Absicht des Miethbesitzes nicht, um als
animus possidendi zu gelten?

Die neuere, gemeinrechtliche Wissenschaft hat die verhäng-
nißvolle Neigung, derartige Fragen aus allgemeinen theoretischen
Principien zu beantworten. Man bezeichnet als Erforderniß des

---

der causa possessionis d. h. dem Grund, welcher zum Erwerb der thatsächlichen
Herrschaft führte. Später nahm man an, der animus possidendi sei zum Erwerb des Besitzes erforderlich. Ob aber ein solcher animus bestehe, wurde nicht
subjektiv im einzelnen Fall nach der besonderen Auffassung des betreffenden
Besitzers untersucht. Damit wäre man in das Bodenlose gefallen. Man beur-
theilte es nach wie vor vorzugsweise nach der causa possessionis. Wer freilich
auch ohne jeden Scheinvorwand in den Besitz gelangte, als Räuber und Dieb,
hatte Besitz bloß nach seinem animus, ohne daß man von einer causa sprechen
konnte, vgl. l. 41 D. de a. vel o. poss. 41, 2. Vgl. über die causa possessionis Pernice Labeo Bd. 2 S. 180 ff.

3) Sehr nahe steht dieser Auffassung die Aeußerung von Gajus in der
l. 13 §. 1 D. de Publ. in rem actione 6, 2: interdum quibusdam nec
ex justis possessionibus competit Publicianum judicium: namque pigno-
raticiae et precariae possessiones justae sunt: sed ex his non solet com-
petero talo judicium, illa scilicet ratione, quia neque creditor nequo is
qui precario rogavit eo animo nanciscitur possessionem, ut credat se
dominum esse.

Besitzes den animus domini, und da diese Absicht dem Miether und dem Pächter fehlt, soll er des Schutzes seines Besitzes durch Interdikt entbehren. In Wahrheit ist die Frage des selbständigen Besitzesschutzes des Miethers und Pächters eine wirthschaftliche und sociale, nicht eine logische und dialektische. Die Römer verweigerten den Miethern und Pächtern den Besitzesschutz, weil dieselben durchschnittlich den ärmeren Klassen angehörten, weil die Vermiether und Verpächter nur dann Ordnung halten zu können vermeinten, wenn Miether und Pächter in absoluter Abhängigkeit blieben, weil das römische Recht durch die Interessen der reicheren Klassen vorzugsweise bestimmt war.[4] Die ganz andere wirthschaftliche und sociale Stellung, welche in Deutschland und in der Jetztzeit Miether und Pächter einnehmen, muß zu einer andern Behandlung ihres Besitzes und ihres Rechtes führen. Alles spricht dafür, ihren Miethbesitz anzuerkennen und folgerecht auch sie als die Gleichberechtigten anzusehen. Dieser Schritt ist bereits in einem großen Theil von Deutschland, vor Allem Preußens, gemacht worden. Es wäre zu beklagen, wenn man versuchen würde, ihn zurückzuthun und, wohin einflußreiche Bestrebungen gehen, die

---

4) Vgl. Dernburg Pfandrecht Bd. 2 S. 65. „In dieser Auffassung des Miethverhältnisses liegt etwas Künstliches, was sich nur durch die historischen und socialen Verhältnisse in Rom erklärt." Weitere Ausführung dieses Gedankens bei Dernburg Preußisches Privatrecht Bd. 1 §. 290. In gleichem Sinn bemerkt Pernice Labeo Bd. 3 S. 467 „die Gestaltung der Wohnungsmiethe in klassischer Zeit ohne Besitz und dingliches Recht des Inquilinen ist eine durchaus künstliche und auf Kompromissen ruhend; der Grund, weswegen ihm das dingliche Recht versagt blieb, möchte außer in rein juristischen Erwägungen doch auch in wirthschaftlichen Verhältnissen zu suchen sein. Zur Miethe wohnten in Rom nur tenuiores, namentlich in den großen Miethskasernen, die erst ein Vicewirth im Ganzen zu pachten pflegte. Es lag nicht im Sinn der römischen Juristen, solchen untergeordneten Leuten — Freigelassenen, Dichtern und Clienten — dem Kapitale gegenüber einen besonders wirksamen Rechtsschutz angedeihen zu lassen."

römischen Anschauungen in dem künftigen, deutschen Gesetzbuch zu restauriren. Sollte dies geschehen, so wäre dies ein neuer Beweis dafür, wie befangen wir neueren Juristen oft in Abstraktionen sind, die wir aus herkömmlichen Definitionen gewinnen, und wie schwer es uns oft fällt, dem gegenüber mit freiem und offenem Blick die wirthschaftliche und sociale Sachlage, die Bedürfnisse der Zeit und die sich hieraus ergebenden Anforderungen zu würdigen.